창작자를 위한 마블 스토리텔링

창작자를 위한 마블 스토리텔링

플롯부터 세계관까지, 마블로 배우는 매혹적인 시리즈 잇는 법

초판 1쇄 펴낸날 2025년 4월 15일

지은이 홍지운	**편집** 김현정 김혜윤 이심지 이정신 이지원 홍주은
펴낸이 이건복	**디자인** 김태호
펴낸곳 도서출판 동녘	**마케팅** 임세현
	관리 서숙희 이주원

만든 사람들
편집 홍주은   **디자인** 김태호

인쇄 새한문화사   **라미네이팅** 북웨어   **종이** 한서지업사

등록 제311-1980-01호 1980년 3월 25일
주소 (10881) 경기도 파주시 회동길 77-26
전화 영업 031-955-3000 편집 031-955-3005 **팩스** 031-955-3009
홈페이지 www.dongnyok.com **전자우편** editor@dongnyok.com
페이스북·인스타그램 @dongnyokpub

ISBN 978-89-7297-155-9 (04680)
     978-89-7297-124-5 (세트)

창작자를 위한

마블 스토리텔링

홍지운 지음

MARVEL
STORYTELLING

플롯부터 세계관까지,
마블로 배우는 매혹적인 시리즈 잇는 법

동녘

일러두기

1. 본문에 언급된 단행본은 겹화살괄호(《 》)를, 영화, TV 프로그램, 게임 등은 홑화살괄호(〈 〉)를 사용해 표기했다.
2. 본문에 언급된 영화의 제목은 국내에 개봉된 제목으로 표기했다. 본문에 인용된 영화 대사 중 일부는 원문의 뜻을 고려해 지은이가 새로 옮겼다.
3. 본문에서 인명, 지명 등 고유명사의 외래어는 관행상 굳어진 표기를 제외하고는 국립국어원의 외래어 표기법 및 용례를 따랐다.

"세상이 변하고 있어.

우리도 바뀌어야 할 때야."

— 〈스파이더맨: 홈커밍〉, 벌처

 ## 우리가 마블 시네마틱 유니버스를 연구해야 하는 이유

나는 강단에 5년 넘게 서 있으면서 창작자를 꿈꾸는 학생들에게 이렇게 조언하고는 했다. "나, 마블 같은 걸 만들 건데 너 나랑 같이 해보자"라고 말하는 사람들 중엔 사기꾼이 정말 많으니 제발 조심하라고 말이다. 그리고 나 역시 마블 시네마틱 유니버스Marvel Cinematic Universe(이하 'MCU')*를 연구하고 학생들에게 강의하는

---

* 마블코믹스의 슈퍼히어로로 만화를 기반으로 한 마블 스튜디오의 영화, 드

사람이다.

결국 이 조언에는 두 가지 메시지가 담겨 있는 셈이다. 하나는 휘황찬란한 프랜차이즈의 위광을 빌어먹으려는 장사치들이 많으니 주의하라는 표면 그대로의 메시지, 다른 하나는 교수가 하는 말이라도 항상 의심하고 경계하며 자신만의 논리를 만들어 나가라는 숨겨진 메시지. 그러니 여러분, 부디 "나, 마블 같은 걸 만들 건데"라고 말하는 사람을 경계하시길 부탁드린다.

애초에 MCU는 후발 주자들이 쉽게 따라 만들기 어려운 구조다. 어떻게 MCU의 작품 대부분이 일정 수준 이상의 완성도를 갖출 수 있는지 정리했을 때, 마블이라고 하는 프랜차이즈가 쌓아올린 역사를 빼놓을 수는 없다. 지금까지 마블에서 만들어진 온갖 종류의 콘텐츠라는 기반 위에 MCU의 역사가 쌓이고 있는 것이다. 이는 그 자체로 후발 주자들이 쉽게 따라갈 수 없는 격차다.

MCU에서 시도하는 많은 도전들은 대부분 마블 프랜차이즈에서 한 번 이상 검증된 소재에서 출발한다. 창작

라마, 애니메이션 등이 공유하는 가상 세계관이자 미디어 프랜차이즈. 개별 작품의 설정, 캐릭터, 플롯 등이 이 세계관 안에서 공유되고 연결된다.

에서 소재는 레고 블록과 같다. 레고를 조립할 때 블록의 숫자와 종류가 많으면 많을수록 더 크고 멋진 결과물을 만들 수 있는 것처럼, 소재가 많으면 많을수록 더 다양하고 재미난 스토리를 만들 수 있는 것이다. 만화, 애니메이션, 게임에 이르기까지 마블의 소재들은 이미 무궁무진하게 쌓여 있으니, MCU는 온갖 종류의 블록을 갖고 있는 셈이다.

MCU는 마블이 도전했던 많은 시도 중 대중의 반응이 좋았던 것은 취하고, 반응이 나빴던 소재도 다시 다듬고 정돈해 괜찮은 소재로 활용한다. 또한 MCU의 오리지널 요소 중에서도 대중의 반응이 좋았던 것은 마블의 만화와 애니메이션과 게임에 적극적으로 다시 반영한다. 이 구조는 그 자체로 강력한 선순환으로 이어질 수밖에 없다.

이 선순환 구조는 현재 만들고 있는 작품에도 큰 도움이 되지만, 과거에 만들었던 작품을 다시 발굴하고 그 안에 새로운 의미를 부여하는 데도 효과적이다. 그와 동시에 이 구조는 미래에 만들어질 작품들의 완성도를 끌어올리기 위한 투자로도 작동한다. 마블의 역사 속에서 이루어졌던 도전은 MCU의 현재에서 변주되고 프랜차이즈의 미래로 이어진다. 이 구조는 분명 MCU만의 강력한 무기다.

하지만 이는 MCU에 후발 주자들이 보고 배울 것 또한 한가득 남아 있다는 이야기이기도 하다. 그만한 역사를 바로 따라잡기는 불가능하나, 그 시행착오의 역사 속에서 우리는 많은 것을 배울 수 있다.

그 외에도 MCU를 연구해야 하는 이유는 얼마든지 있다. 우선 이야기를 소비하는 동시대 사람의 대부분이 MCU를 알고 있다는 사실도 그 이유 중 하나다. 지금은 각종 매체와 콘텐츠가 범람하는 시기다. 사람들은 영화나 드라마는 물론이고 웹툰, 웹소설, 게임을 아울러 소비한다. 영상물만 보더라도 TV와 영화관뿐 아니라 넷플릭스, 디즈니플러스, 왓챠, 웨이브, 티빙, 쿠팡플레이 등 수많은 OTT 서비스 사이를 헤맨다. 여기에 유튜브 숏츠, 틱톡, 인스타그램 릴스 등 숏폼 콘텐츠까지 즐기면 하루 24시간을 작품 소비에만 써도 모자랄 지경이다. 이런 상황에서도 MCU는 이 시대를 대표하는 시리즈로 자신의 지위를 굳건하게 지키고 있다. 그렇다면 우리는 이 시대를 이해하고 또 그에 어울리는 콘텐츠를 제작하기 위해 MCU를 연구해야 한다.

이는 단순히 MCU가 그만큼 흥행했기 때문만이 아니다. MCU는 지금 이 시대의 시간과 공간을 아우르는 몇 안 되는 '공통언어'다. 나와 동 세대의 창작자들은 모두 어린 시절에 TV를 봤고 〈마동왕 그랑조트〉나 〈미소녀 전사 세일러문〉의 주제가를 부를 줄 안다. 이런 공통언어로 작동하는 작품은 그 자체로 연구의 대상이 될 자격이 충분하다. 모두가 어렵지 않게 이 작품에 대해 인지하고 있기 때문이다.

하지만 요즘 젊은 세대의 창작자들에게는 이런 공통된 기억이 많지 않다. 상술한 바와 같이 너무나도 많은 매체에서 온갖 콘텐츠가 쏟아지고 있기에, 내 어린 시절의 TV나 라디오같이 전 국민이 반드시 볼 수밖에 없는 작품이 흔치 않아졌기 때문이다. 나 역시 앞서 언급한 OTT 서비스를 전부 구독한 적이 있으며 내 주변에도 나와 같은 구독자가 다수 있다. 그런데도 우리는 취향이 달라 서로가 본 작품을 알지 못한다. 이러한 엇갈림은 시대적 필연이다.

그러나 미국이건 유럽이건 한국이건 MCU의 신작 영화는 반드시 개봉한다. 아이도 어른도 아이언맨과 캡틴 아메리카가 누구인지 안다. 이렇게 각종 매체와 콘텐츠가 범람하는 시기임에도 MCU처럼 모두가 봤고 또 사랑하는 콘텐츠는 그 자체로 일종의 공통언어로 작동하며 시장의 기준이 된다.

수많은 사람이 모이는 공론장에서 각자 자기만 아는 이야기를 할 수는 없다. 하다못해 〈해리 포터〉 시리즈도 읽지 않은 세대가 대학에 들어오고 있는 이 시대에 MCU나 지브리, 픽사처럼 어느 나라에서건 남녀노소를 가리지 않고 여럿이 향유한 작품들은, 다시 말해 공통언어로 작동하는 작품들은 반드시 연구하고 넘어가야만 한다.

이런 구차한 핑계를 다 떠나 MCU를 연구해야 하는 가장 중요한 이유가 있다. 바로 이 시리즈가 무척이나 재밌다는 것이다. 〈토르: 라그나로크〉의 코믹하고 유쾌한 활극의 분위기나 〈블랙 팬서〉의 웅장하고 세련된 이미지, 그리고 〈어벤져스: 엔드게임〉의 대단원에 이르기까지 MCU의 작품은 흥미진진한 긴장 속에서 창작자가 알아야 할 필수 작법을 가르쳐준다. 이렇게 훌륭한 교재를 굳이 피할 이유가 없지 않은가?

지금 이 시대에 아리스토텔레스Aristoteles의 《시학》이나 소포클레스Sophocles의 《오이디푸스 왕》으로 스토리텔링

공부를 시작하는 것도 의미가 없지는 않겠으나, 반드시 그래야 할 필요는 없다. 창작자가 필독해야 할 고전들은 공부에 재미를 붙이고 현 시대에 대한 이해가 깊어진 다음에 읽어도 괜찮다. 아니, 어떤 면에서는 그 편이 더 효율적일 수 있다.

2008년 〈아이언맨〉의 개봉 이후 MCU에서 선보인 작품 가운데 흥행에 성공한 작품의 숫자와 비율은 지금까지 존재한 어느 미디어 프랜차이즈보다 월등히 높다. 이렇게 지속적으로 완성도 높은 작품을 개봉하고 흥행시킨 역사를 쓴 건 영화사 혹은 문화산업사에서 MCU가 유일하다고 단언할 수 있다. 이 기록적인 성공에서 우리가 배워야 할 교훈은 너무나도 많다. 부디 이 책이 그 교훈을 발견하고 흡수하는 데 도움이 되길 기도하는 바다.

 ## 이 책의 방향성에 대해

이 책의 목표는 MCU의 작품을 슈퍼히어로

영화, 상업 영화, 대중 영화의 관점에서 분석하고 그에 요구되는 작법을 정리하는 것이다.

MCU가 확고한 문화 코드로 자리 잡은 지금은 누구도 그렇게 말하지 않으나, 20세기 말 혹은 21세기 초까지만 해도 이른바 슈퍼히어로물은 '어린아이 수준에나 맞는 유치한 장르'로 취급당했다. 하지만 이제는 그렇게 다짜고짜 비판하는 사람을 찾아보기는 어렵다. 나아가 그 사람들의 지적처럼 슈퍼히어로물이 어린아이 수준에나 맞는 유치한 장르라는 이야기는 결코 악담이 될 수 없다.

어린아이가 볼 수 있다는 것은 누구나 볼 수 있는 대중적인 내용과 직관적인 작법을 갖추고 있다는 이야기다. 유치하다는 것은 보편적인 테마와 원초적인 갈등을 다루고 있다는 이야기다. 이 두 가지는 세계 어느 문화권의 어떤 연령대의 사람에게든 통하는 대형 프랜차이즈가 되기 위한 최소한의 조건이다.

MCU의 작품은 슈퍼히어로 영화인 동시에 상업 영화이자 대중 영화다. 그렇기에 MCU는 슈퍼히어로 장르의 소재로 상업적인 성과를 내기 위한 다양한 전략 속에서 대중 전반에게 통용되는 작품을 만든다. 이는 곧 MCU

가 슈퍼히어로 장르를 다루지만 너무 소수의 애호가만을 대상으로 하는 작품이 아니라 더 많은 국가와 더 넓은 세대를 아우르는 작품을 추구한다는 이야기이기도 하다.

이는 서브컬처로서의 슈퍼히어로 장르를 좋아하던 사람에게는 조금 아쉬운 지점일 수도 있다. 하지만 달리 말하자면 MCU는 마니악하고 실험적인 작품들이 일군 성과를 상업적이고 대중적인 성과로 연결 짓고 있으며, 이러한 성취를 기반으로 한층 마니악하고 실험적인 작품들이 나올 수 있는 환경을 조성하고 있다는 말이기도 하다.

덧붙여 이 책에서 다루는 대상은 마블의 작품 전체가 아니라 MCU의 영화들을 중심으로 한다. 마블의 세계, MCU의 세계는 너무나도 넓다. MCU의 원작 만화를 출판해온 마블코믹스의 기나긴 역사는 물론이거니와 마블 스튜디오가 넷플릭스와 공동 제작한 〈마블 디펜더스〉 중심의 드라마 시리즈, 〈완다비전〉을 필두로 하는 디즈니 플러스의 드라마 시리즈, 미국의 방송국 ABC에서 방영한 〈에이전트 오브 쉴드〉 드라마 시리즈까지 참고해야 할 영상물 역시 너무 많다. 여기에 개별 작품이 개봉할 때마다 제작된 게임이나 만화, 소설 등의 작품들까지 정리한다고 하면 이 책을 작품 소개만으로 채워야 할지도 모른다.

그래서 여기서는 MCU의 작품들 중 영화, 특히 인피니티 사가*에 속하는 영화들을 주 대상으로 삼았다. 이 영화들은 더 많은 이들에게 공통언어로 작동하며 누구나 쉽게 그 내용을 떠올릴 수 있는 작품들이라, 마블의 성공적인 스토리텔링 방식을 설명하는 데 유용하기 때문이다.

동시에 이 책에서는 다른 작법서에 흔히 실리는 내용들은 최소한으로 줄이고 MCU에서만 찾아볼 수 있는 특장점들을 집중적으로 다루었다. 작법의 기본기를 다룬 개론서는 이미 쉽게 찾아볼 수 있으니, 이 책은 MCU에 좀 더 특화된 내용을 다루는 편이 합리적일 것이다. 물론이 책이 아주 별세상의 이야기만 다루지는 않을 것이라는 점 또한 분명히 밝혀둔다. MCU의 장점 중 하나가 보

---

* MCU의 세계관에서 우주의 본질을 담고 있는 돌이라고 알려진 인피니티 스톤을 중심으로 벌어지는 대서사시를 뜻한다. 2008년 〈아이언맨〉부터 2019년 〈스파이더맨: 파 프롬 홈〉까지 MCU 안에서 개봉한 23편의 영화가 이에 속한다. 이 책에서 다룬 전체 작품 목록은 책 말미의 '영화 목록'을 참고하길 바란다.

편적이고 기본적인 작법을 성실히 구현해냈다는 점이니 말이다.

차례

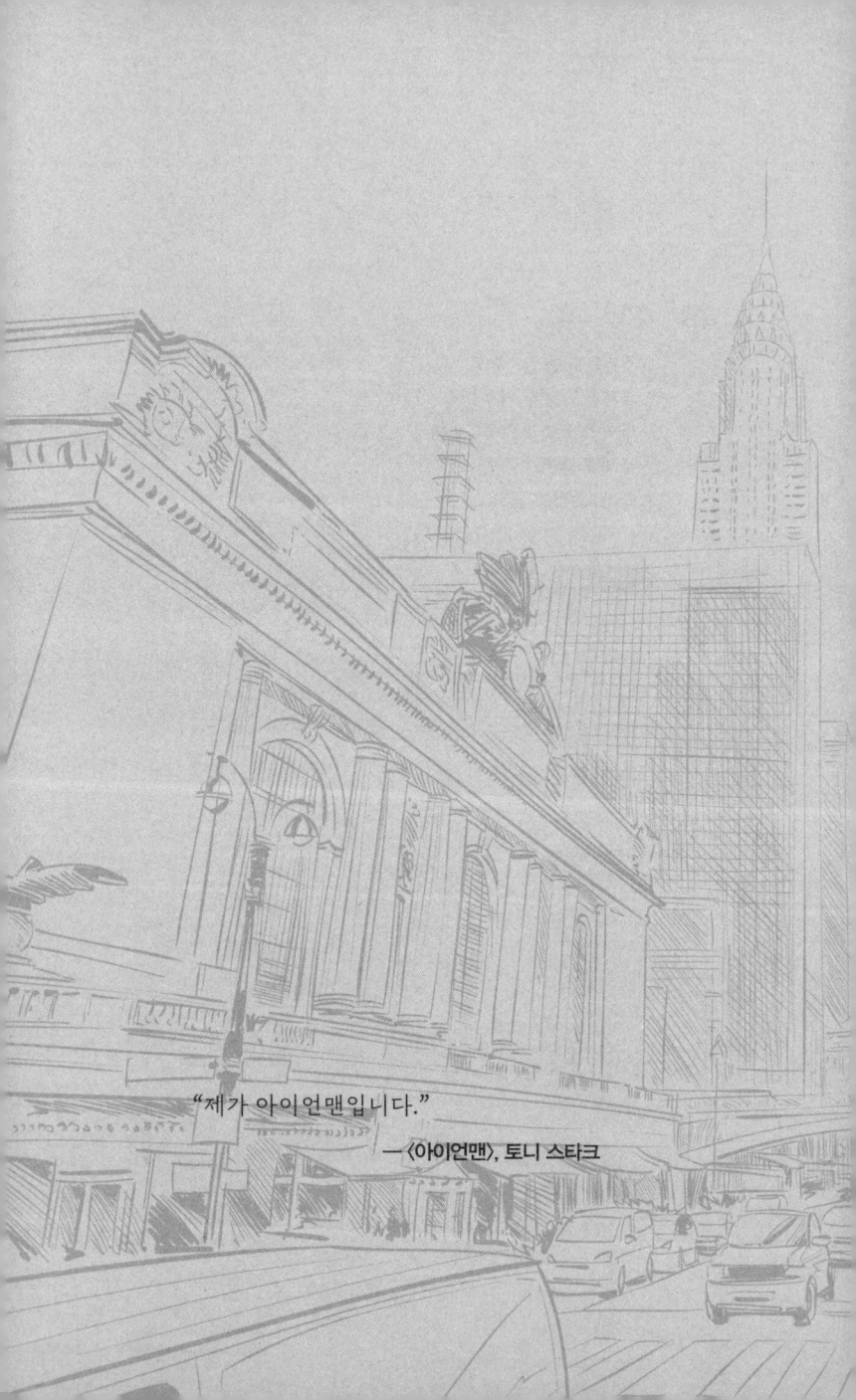

"제가 아이언맨입니다."
—〈아이언맨〉, 토니 스타크

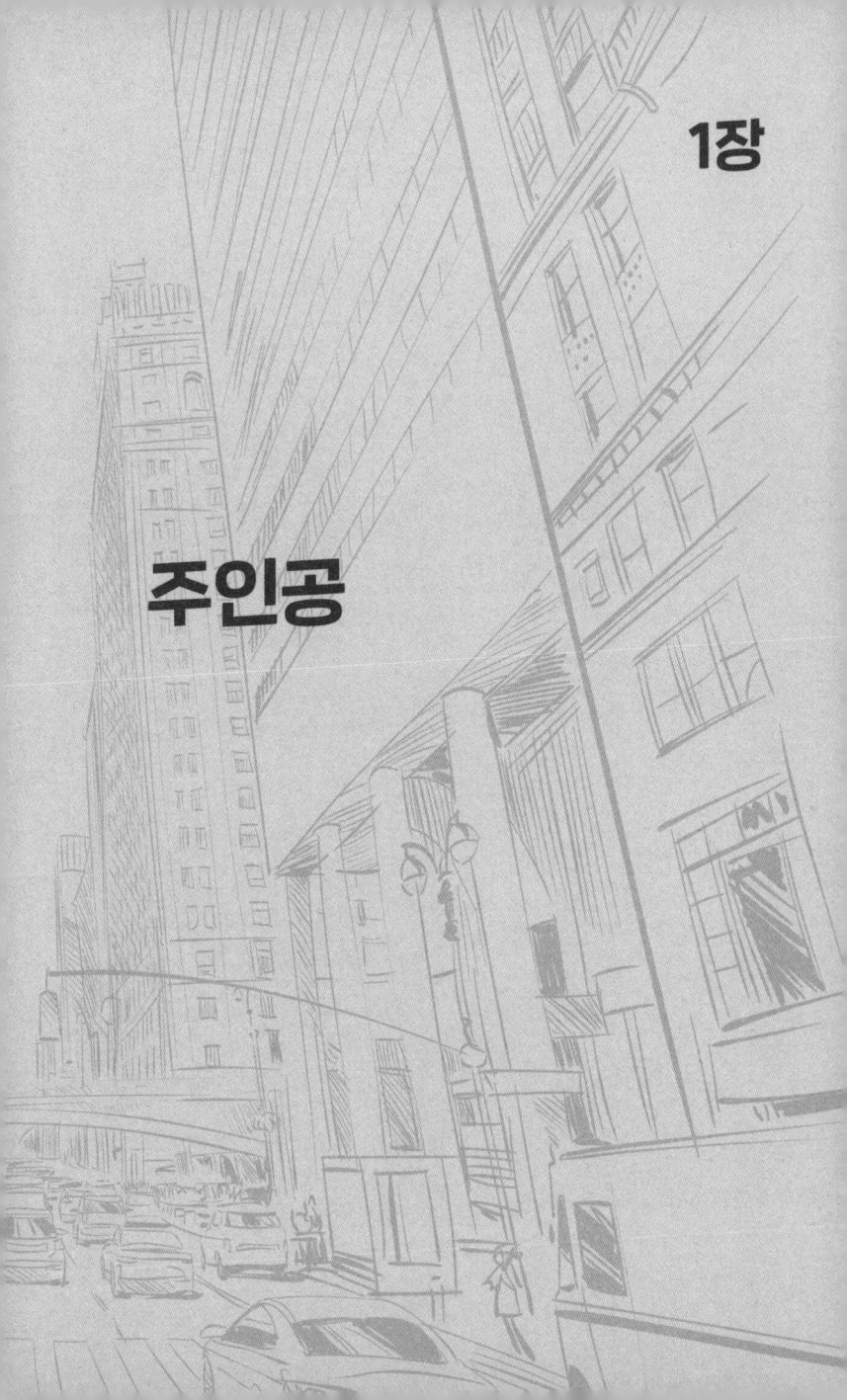

1장

주인공

 # MCU와
DCU의 차이

　　MCU의 슈퍼히어로를 본격적으로 탐구하기에 앞서 DC*와 MCU의 슈퍼히어로 사이의 차이를 간략히 짚고 넘어가보자. 아주 거칠게 비교하면 이렇다. DC가 신들의 고뇌를 다룬다면 MCU는 인간의 성장을 다룬다. 이는 모든 작품에서 반드시 나타나는 경향은 아니나, 각 프랜차이즈의 핵심적 등장인물에 한정해서 본다면 제법 재미난 차이로 드러난다.

　　DC에서 가장 중심이 되는 슈퍼히어로 셋을 꼽으라면 많은 이들이 슈퍼맨, 배트맨, 원더우먼을 꼽을 것이다. MCU의 초창기를 견인한 슈퍼히어로 셋은 두말할 것도 없이 아이언맨, 캡틴 아메리카, 토르다. 이렇게 양 프랜차이즈의 주요 히어로 삼인방의 성격을 놓고 비교해보자.

---

* 마블코믹스와 함께 미국의 슈퍼히어로 만화 산업을 견인하는 DC코믹스의 만화를 원작으로 영화, 드라마, 애니메이션, 게임 등을 제작하는 미디어 프랜차이즈. 대표적인 슈퍼히어로로 슈퍼맨, 배트맨, 원더우먼, 그린랜턴, 아쿠아맨, 플래시 등이 있다.

클라크 켄트와 브루스 웨인과 다이애나 프린스는 각각 슈퍼맨, 배트맨, 원더우먼이 인간 사회에 잠입하기 위해 연기하는 사회적 페르소나다. 이들은 신적인 권능을 갖고 있으나 평범한 인간의 신분으로 사람들을 관찰한다. 반대로 토니 스타크, 스티브 로저스, 토르는 자신이 슈퍼히어로임을 숨기는 위장 신분을 갖지 않으며, 영웅으로 성장하고 사회의 일원이 되는 과정에서 슈퍼파워를 갖게 된다.

이는 무척 흥미로운 차이다. 슈퍼맨과 배트맨과 원더우먼은 초인으로서의 정체성이 개인으로서의 정체성보다 우선한다. 반대로 토니 스타크와 스티브 로저스와 토르는 개인으로서의 정체성이 초인으로서의 정체성보다 우선한다.

물론 여기에 반론을 제기하고픈 사람도 있을 것이다. 브루스 웨인은 평범한 지구인이고, 토르는 신들의 땅 아스가르드에서 왕의 아들로 태어났으니까. 하지만 배트맨은 슈퍼맨이나 원더우먼만큼이나, 혹은 그 이상으로 한 개인이 아닌 초월자의 시선에서 인류를 바라본다. 반면 토르는 토니 스타크나 스티브 로저스만큼이나, 혹은 그 이상으로 감정적이고 인간적인 행동을 보여준다. 이

것을 부정하지는 못할 터다. 배트맨은 신들과 어깨를 나란히 하는 인간이고 토르는 인간다운 면으로 가득한 신이라는 점에서 둘은 재미난 교차를 이룬다.

이는 결국 이들이 자신의 정체성을 어디에 두고 있느냐의 차이기도 하다. 초인으로 태어나 인간들 사이에 녹아들고 관찰하는 자들과, 인간으로 태어나 초인이 되기 위해 투쟁하는 자들의 이야기는 같은 슈퍼히어로 장르로 묶이더라도 그 방향성이나 성격이 다를 수밖에 없다. DC의 삼인방은 초인인 자신들이 인류와 어떤 관계를 맺어야 올바른지를 고민한다. 반대로 MCU의 삼인방은 자신들이 초인이 되기 위해 어떤 노력을 하고 그 자격을 유지하기 위해 어떤 실천을 해야 하는지 고민한다. 인간이 되고자 하는 방향의 이야기와 인간을 넘어서고자 하는 방향의 이야기는 그 내용이 다를 수밖에 없다.

이는 스토리의 구성에도 영향을 미치기 마련이다. 전자는 신들의 이야기를 그린 신화나 그리스 비극의 구성에 가깝고, 후자는 세속적인 배경의 드라마나 시트콤의 구성과 비슷하다. 그래서 DC의 슈퍼히어로들은 고전적이고 연극적이다. 아직까지도 팀 버튼Tim Burton 감독의 〈배트맨〉 시리즈를 최고의 배트맨 실사화로 꼽는 사람들이 있는 것도 아마 이런 이유에서일 것이다. 이 시리즈에서는 현실적인 CG가 아닌 연극적인 무대장치와 코스튬, 과장된 움직임이 오히려 배트맨의 신비한 분위기에 깊이를 더해주었으니 말이다.

앞에서도 강조했지만, 이러한 구분은 결코 명확하고 절대적이지 않다. 다만 자신이 만들고자 하는 슈퍼히어로가 슈퍼맨과 배트맨과 원더우먼처럼 신적인 존재로서 인간들을 잘 보살피고자 노력하는 유형의 인물인지, 아니면 토니 스타크와 스티브 로저스와 토르처럼 인간적인 존재로서 더 위대한 존재로 거듭나기 위해 노력하는 유형의 인물인지 고민해보라. 그리고 자신의 주인공을 만드는 데 해당 유형의 슈퍼히어로들을 참고한다면 재미난 발상들이 이어질 것이다.

 ## 슈퍼파워

슈퍼히어로를 만들 때 가장 먼저 고민하는 내용은 무엇일까? 여러 경우가 있겠으나, 흔히들 히어로의 이름, 디자인, 능력을 떠올리면서 출발한다. 우선 슈퍼히어로의 특별한 능력, 즉 슈퍼파워를 설정하는 법부터 짚고 넘어가자.

슈퍼파워의 종류는 크게 신체의 활용, 도구의 활용, 지식의 활용으로 나눌 수 있다. 여기서 주의할 점은 슈퍼히어로의 특성을 굳이 어느 한 쪽으로 명확하게 규정할 필요는 없다는 것이다. 아스가르드인다운 강인한 신체, 묠니르라는 도구, 약간의 마법적 지식을 동시에 가진 토르나, 과학 지식으로 개발한 핌 입자라는 도구를 활용해 신체의 크기를 자유롭게 조절하는 앤트맨은 이 세 가지 특성을 다 갖춘 슈퍼히어로다.

신체의 활용은 크게 셋으로 나눌 수 있다. 캡틴 아메리카나 블랙 팬서처럼 단순히 신체적 능력이 뛰어난 경우, 거미처럼 날렵한 스파이더맨과 나무 몸을 한 그루트처럼 신체가 동물이나 식물 혹은 자연물의 성격을 가진 경우, 타인의 감정을 읽고 조종하는 맨티스나 염력을 사용하는 코스모처럼 특수한 체질을 갖고 있는 경우다. 이렇게 신체를 활용하는 슈퍼파워는 능력자의 정신 상태나 약물 등으로 인해 무력화되기도 한다.

도구의 활용도 크게 셋으로 나뉜다. 전투용 기계 슈트를 입는 워머신이나 직접 개조한 고성능 병기를 사용하는 로켓처럼 최첨단 과학 장비를 활용하는 경우, 궁수 호크아이나 검객 가모라처럼 냉병기*를 활용하는 경우, 시간을 조작하는 도구 아가모토의 눈을 쓰는 닥터 스트레인지와 무엇이든 파괴하는 망치 묠니르를 가진 토르처럼 마법 도구를 활용하는 경우다. 이렇게 도구를 활용하는 슈퍼히어로는 도구를 분실하거나 강탈당해 곤란을 겪고는 한다.

지식의 활용 역시 셋으로 구분할 수 있다. 아이언맨이나 행크 핌처럼 독자적인 과학 지식을 활용하는 경우, 나타샤 로마노프나 닉 퓨리처럼 국제적인 정보망과 인맥 등의 사회 지식을 활용하는 경우, 닥터 스트레인지나 완다 막시모프처럼 마법 지식을 활용하는 경우다. 이렇게 지식을 활용하는 슈퍼파워는 앞에 언급한 두 종류의 능력과 달리 무력화되거나 강탈당하기 어렵다.

그러나 어떤 종류의 슈퍼파워를 설정하든 가장 중요한 것은 바로 상상력이다. 단순히 강하기만 한 능력을 만들어서는 안 된다. 주인공이 무적에 가까운 능력을 갖고

---

* 총기와 같이 화력이나 폭발을 이용하지 않는 무기. 칼이나 활, 둔기 등이 이에 속한다.

있는 경우에는 오히려 갈등을 만들기 어렵고 관객에게 긴장감을 주기 힘들기 때문에 스토리를 재밌게 풀어나가기 곤란해진다. 오히려 슈퍼파워가 약하거나 특이한 편이 내용을 전개하기에는 유리하다.

　마찬가지로 파괴력이나 살상력이 강한 능력 또한 다루기 까다롭다. 특히 대상 관객층으로 영유아까지 상정한 경우에는 칼이나 독으로 상대방을 잔인하게 죽이는 장면을 넣기가 어렵다는 점도 고려해야 한다. 반면 토르의 묠니르와 같은 둔기나 맨티스의 잠재우는 능력처럼, 상대방의 충격이나 상태를 상상하기 편한 슈퍼파워로는 더 넓은 관객층을 대상으로 하는 장면을 만들 수 있다.

　너무 강력한 슈퍼파워는 클라이막스 외에는 쓰기 어렵고, 빌런이 그와 대등한 싸움을 펼치는 모습이 나오는 순간 그 능력의 의의가 사라진다. 그 때문에 헐크나 닥터 스트레인지 같은 캐릭터의 경우 클라이막스에 이르기 전까지 그 능력이 위험시 혹은 금기시된다. 너무 강력한 슈퍼파워를 설정하면 안 된다고는 결코 말할 수 없으나, 그런 설정은 장면을 구상할 때 더 다양한 각도에서 고민해야 한다는 것만큼은 분명하다. 결국 슈퍼파워를 구상할 때 중요한 것은 그 능력이 강하냐, 약하냐가 아니다.

그 능력을 활용해서 멋지고 재미난 장면을 만들 수 있느냐, 없느냐야말로 핵심이다.

슈퍼히어로 장르에는 히어로가 이미 너무 다양해서 차별화된 슈퍼파워를 만들기란 쉽지 않은 노릇이다. 그럼에도 자신만의 독특한 슈퍼히어로를 만들고 싶다면, 덧셈이 아닌 뺄셈의 영역에서 고민해보기를 권하고 싶다. 즉 슈퍼파워의 능력뿐 아니라, 그것에 어떠한 제약, 조건, 대가가 존재하는지까지 설정해보라는 것이다.

브루스 배너는 인피니티 사가의 초반까지는 헐크의 힘을 쓰는 동안 자신의 인격을 유지하지 못했다. 〈퍼스트 어벤저〉의 레드 스컬은 슈퍼 솔져 혈청을 맞은 뒤에 신체적 능력뿐 아니라 그의 사악한 심성까지 강해져서 악당 중의 악당이 되어버렸다. 앤트맨은 〈캡틴 아메리카: 시빌 워〉까지는 거대화 능력을 단기간만 쓸 수 있었다. 〈앤트맨과 와스프〉의 고스트는 물질을 통과할 수 있지만 그 부작용으로 인한 통증 속에서 살아야 했다. 이렇게 능력에 제약과 조건과 대가를 정하면 다양한 방향으로 사건을 전개할 수 있다.

이 제약, 조건, 대가는 반드시 엄격하게 지켜야 할 필요는 없다. 이야기에 긴장을 주고 싶을 때는 제약과 조건과 대가를 언급하고, 이완을 주고 싶을 때는 이를 무시해도 좋다. 〈어벤져스: 엔드게임〉에서 앤트맨이 별 무리 없이 거대화를 하고 브루스 배너가 헐크와 자신의 자아를 통합하는 데 성공했던 것처럼, 시리즈가 진행되면서 이 제약과 조건, 대가에 변화가 생겨도 된다. 어디까지나 이러한 설정들은 이야기의 재미를 위해 복무하는 것이기 때문이다.

이렇게 슈퍼파워를 구체적으로 설정했다면, 다음으로는 자신의 슈퍼히어로만이 보여줄 수 있는 장면을 구상하기를 권한다. 주인공의 슈퍼파워를 가장 잘 활용할 수 있는 사건이나 앵글 혹은 적대자가 있을 것이다. 앤트맨이 벌레 크기로 작아져 잠입 수사를 하는 장면이나 스파이더맨이 거미줄을 쏘며 마천루 사이를 날아다니는 앵글, 헐크가 전력으로 맞서 싸울 수 있을 정도로 거대한 몸집의 적대자 수르트처럼 말이다. 각각의 슈퍼파워가 매력을 얻는 것은 이렇게 그 능력에 최적화된 상황을 얼마나 잘 부여해주느냐에 있다.

익숙하거나 뻔한 능력이라도 그 능력을 어떻게 활용하냐에 따라 장면은 얼마든지 흥미진진해질 수 있다. 강화된 신체에서 나오는 캡틴 아메리카의 능력은 슈퍼히어로치고는 흔한 능력이다. 하지만 그가 월등한 신체 능력을 통해 같은 트랙에서 조깅 중인 샘 윌슨(팰콘)을 반복해서 추월하거나, 쉴드의 엘리베이터를 가득 채운 하이드라 요원들을 혼자서 해치우는 장면은 그 자체로 재미를 준다.

만약 슈퍼히어로들이 다양하게 등장하고 시리즈가 길게 이어질 경우, 각 인물의 슈퍼파워를 연계해 좀 더 참신한 장면을 만들 수도 있다. 〈캡틴 아메리카: 시빌 워〉에서 앤트맨이 소형화한 뒤 호크아이의 화살 위에 올라타 '쏜살같이' 이동하던 장면이나 스파이더맨이 워머신의 도움을 받아 거대화한 앤트맨을 쓰러뜨린 장면, 그리고 〈어벤져스: 엔드게임〉에서 토르가 아이언맨에게 벼락을 쏟아붓고 아이언맨이 한층 강화된 출력으로 공격을 쏘아낸 장면처럼 말이다.

 ## 가면과 유니폼

'슈퍼히어로'라고 하면 슈퍼파워만이 아니라 형형색색의 화려한 코스튬도 떠오르기 마련이다. 여기서는 슈퍼히어로의 가면이나 유니폼이 갖는 의미와 기능에 대해 정리하고자 한다.

지금처럼 인쇄 기술이 발전하지 않았던 과거에 만화 《슈퍼맨》이 만들어질 때, 슈퍼맨의 복장은 주인공이 시각적으로 확 눈에 띄도록 화려하게 디자인되었다는 비화가 있다. 이는 영상 기술이 극히 발달한 현재의 MCU에서도 통용되는 이야기다. MCU 등장인물들의 코스튬은 원작 만화에 비하면 무척 현대화된 것이기는 하나 여전히 강렬한 빛깔과 튀는 배색을 갖추고 있다. 이는 수많은 인물이 등장하고 휘황찬란한 CG가 들어가는 상황에서도 주인공이 어디에 있는지, 무엇을 하는지 확연하게 구분 지어주는 역할을 한다.

몸에 딱 달라붙는 복장도 마찬가지다. 슈퍼히어로는 서커스의 차력쇼나 기예에서도 일부 영향을 받았는데, 이 때문에 그들의 복장은 화려할 뿐만 아니라 육체를 과장해서 보여주도록 디자인되고는 한다. 주인공의 몸이 얼마나 아크로바틱하게 움직이는지를 강조하기 위해서도 몸선이 잘 드러나는 복장이 필요한 것이다.

이는 달리 말하자면 주인공의 주변을 둘러쌀 등장인물의 숫자가 적거나, 복잡한 CG나 아크로바틱한 움직임이 없어도 되는 슈퍼히어로라면 이런 형형색색의 화려한 코스튬이 필요하지 않다는 이야기이기도 하다. 마블 코믹스 기반의 또 다른 슈퍼히어로물 〈엑스맨〉 시리즈의 찰스 자비에는 상대방의 정신을 조종하는 능력을 갖고 있다. 그리고 그가 능력을 쓰고 있다는 모습을 보여주기 위해서는 관자놀이에 검지를 갖다 대기만 해도 충분하다. 그러니 찰스 자비에는 굳이 스판덱스의 딱 달라붙는 복장이나 원색으로 칠한 망토 없이, 품위 있고 단정한 정장 차림으로도 충분한 것이다.

한편 슈퍼히어로의 가면은 이렇게 기능적인 목적으로만 쓰이지는 않는다. 주인공이 슈퍼히어로이자 개인으로 살면서 두 정체성의 충돌을 겪을 때마다, 가면은 인물의 상태를 드러내는 직관적인 상징물로 작동한다. 가면을 쓰거나 벗는 행위가 지금 주인공이 슈퍼히어로와 개인 중 어느 쪽의 정체성을 수행하고 있는지 설명해주는 것이다.

주인공이 쓰고 있는 가면은 곧 그가 자신의 정체를 숨기고 특정한 역할을 연기하고 있다는 메시지다. 이때 주인공은 자신의 정체를 밝히지 못한 채 슈퍼히어로로 활동해야 한다는 사실에 질식할 것처럼 고통스러울 수도 있고, 자신이 선택한 정체성인 '가면'과 자신에게 주어진 정체성인 '가면 안의 나'라는 두 개의 정체성 중 진정한 자신은 누구인지 원초적인 질문을 던질 수도 있다. 가면이 하나가 아닌 여럿인 때도 있고, 가면 안의 나는 아무것도 없는 텅 빈 존재라는 사실로 인해 가면에 집착하게 되기도 한다. 정체를 숨겨야 하는 주인공이라면, 그가 가면을 직접 벗을 때와 누군가에 의해 강제로 벗겨질 때, 그리고 싸움 중 가면이 찢어질 때 모두 다른 의미를 가진다. 이렇게 가면은 연출이나 사건, 상징적 의미에 이르기까지 다양한 활용이 가능한 도구이니, 그 의미에 대한 자신만의 결론을 내리고 인물을 조형해보기를 권한다.

정체를 숨기기 위해 쓰는 가면과 달리, 유니폼은 소속감을 내보이기 위해 입는다. 〈어벤져스: 엔드게임〉에서 어벤져스는 타노스를 막기 위한 최후의 수단으로 시간여행을 떠나기 전 유니폼을 통일해서 입는다. 여기에는 그들이 단호한 의지 아래 하나의 팀으로서 뜻을 모았다는 상징적인 의미가 담겨 있다. 〈엑스맨〉 시리즈에서도 엑스맨의 유니폼과 표식이 갖는 의미는 남다르다. 일례로 〈데드풀과 울버린〉에서 울버린이 코스튬을 착용하는 순간 역시 그가 엑스맨이라는 단체에 소속감과 경의를 표하는 장면이었다.

필요하다면 작품 안에서 주인공이 가면이나 유니폼을 입는 구체적인 이유를 더해도 좋다. 데드풀은 피를, 스파이더맨은 신분을 감추기 위해 코스튬을 입었고, 캡틴 아메리카는 전쟁 중 채권을 파는 쇼에 서기 위해 화려한 코스튬을 입었으며, 아이언맨이나 앤트맨은 그들의 슈퍼파워가 슈트에서 나오기에 슈트를 입었다. 블랙 팬서나 샹치는 기능적인 이유뿐 아니라 자신들의 민족적 전통을 잇고 정체성을 확고히 하기 위해 코스튬을 입었다.

주인공은
정의로워야 한다

창작자가 대중적인 장르의 작품을 처음 쓸 때 흔히 저지르는 실수가 하나 있다. 그것은 바로 주인공을 정의롭지 않은 성격으로 설정하는 것이다. 이렇게 운을 떼면 몇 가지 반론이 나오고는 한다. '뻔한 주인공은 입체적이지 않다'거나 '폭군이나 안티히어로 스타일의 주인공이 좋다'거나 '카리스마와 통쾌한 복수극을 보여주는 주인공이 필요하다'거나. 이러한 반론이 잘못되었다고는 생각하지 않는다. 하지만 이 같은 개성이 정의로운 성격과 반드시 배치되는 건 아니다.

정의로운 주인공이라 함은 단순히 모범생이나 평면적인 인물이라는 이야기가 아니다. 애초에 정의라는 개념부터가 단순하거나 평면적이지 않다. 주인공이 가진 정의_{正義}에 대한 정의_{定義}는 창작자가 정하기 나름이고, 이에 대한 논리가 얼마나 또 누구에게 설득력이 있느냐의 차이가 있을 뿐이다.

주인공이 정의로운 마음을 갖고 있어야 한다는 이야기는 주인공이 교과서 같은 행동만 해야 한다는 이야기가 아니다. 주인공은 그 정의가 구체적으로 어떻게 규정되건간에 자신이 생각하는 정의에 대한 믿음이 있고, 그 신념을 통해 스토리를 주도하고 또 응원받을 수 있는 인물이어야 한다는 이야기다. 입체적 인물, 폭군, 안티히어로, 카리스마와 같은 키워드 역시 주인공이 자신의 선택에 대한 강한 확신으로 스토리를 힘 있게 주도하거나 흥미로운 갈등 속에서 번민하며, 그 과정이 설득력이 있고 관객에게 호감을 살 때만 주인공 뒤에 붙을 수 있는 말이다.

입체적이라는 것과 비호감이라는 것은 완전히 다른 차원의 이야기다. 하지만 어떤 창작자들은 엉망진창의 비호감적 요소로 조형된 인물을 내놓고서는 '이 인물은 입체적인 폭군에 안티히어로일 뿐'이라고 변명하고는 한다. 이런 변명은 그 누구에게도 해서는 안 된다.

대중적인 장르에서 주인공은 호감형이어야 한다. 사람들은 비호감형 인물은 된통 당하기를 기대하고 호감형 인물은 복을 받길 기대한다. 그러니 우리는 자신의 신념으로 관객을 설득할 수 있고 그로 인해 호감을 살 수 있는 주인공을 만들어야 한다. 최소한 결정적인 순간만큼은 그가 하는 일이 대중의 응원을 받을 수 있어야 한다.

안티히어로의 대명사인 데드풀 또한 마찬가지다. 〈데드풀〉에서 그는 영웅이 되라는 콜로서스의 제안을 계속해서 거절했을지언정 스토킹 피해를 당하는 어린 여성을 도와줬으며, 짓궂은 장난을 치더라도 동료들을 존중했고, 사랑하는 연인을 위해서라면 어떤 일이든 감수하는 모습을 보여준다. 데드풀은 분명 안티히어로지만 그의 행동에는 일관성이 있으며 그의 선택과 그 동기 역시 설득력이 있다.

주인공을 호감을 살 만한 인물로 만들어야 한다고 강

조하는 이유는 주인공의 행동이 윤리적인지 아닌지 검열하기 위함이 아니다. 오히려 주인공이 관객에게 호감을 사게 하고 그가 주인공다운 인물이라는 확신을 주고 나면, 관객들은 주인공이 어떤 행동을 하건 일단 그를 지지해주기 때문이다. 즉, 주인공이 호감을 쌓는 과정은 곧 주인공이 좀 더 맛 간 행동을 할 수 있는 기반을 다지는 일인 셈이다.

〈아이언맨〉의 원작 만화가인 스탠 리Stan Lee는 처음 토니 스타크라는 인물을 구상할 때 '팬들에게 외면당할 만한 캐릭터, 독자들이 싫어할 만한 인물을 좋아할 수밖에 없게 만든다면 정말로 재밌을 것 같았다'고 밝힌 바 있다. 토니 스타크는 군수산업 종사자에 바람둥이이며 알콜 중독이라는 설정까지 있다. 하지만 스토리가 전개될수록 그가 의로운 마음과 강한 책임감, 가족을 향한 애착, 공학자로서의 순수함 등 제법 괜찮은 면모 또한 많이 지니고 있음이 드러난다. 우리는 여기서 스탠 리가 토니 스타크에게 부여한 양가적인 면을 모두 주지할 필요가 있다. 애초에 스탠 리는 의도적으로 토니 스타크에게 싫어할 수밖에 없는 요소와 좋아할 수밖에 없는 요소를 함께 부여했다.

이렇게 해당 캐릭터에 대한 호감적 요소와 비호감적 요소를 의식적으로 배치하지 못한다면 성공적으로 캐릭터를 조형할 수 없다. 비호감의 주인공과 그가 반지성적, 비논리적, 무비판적으로 승승장구하기 위해서만 설계된 세계관은 소수의 관객을 제외하고는 관객의 흥미를 끌기 어렵다.

다시 한번 강조하지만 이는 주인공이 완벽한 모범생이어야 호감을 살 수 있다는 이야기가 아니다. 주인공은 실수를 저지를 수 있고, 그런 장면이 스토리를 더 흥미진진하게 만들기도 한다. 다만 주인공이 실수를 저질렀으면 그에 대한 반응도 뒤따라야 한다. 관객은 주인공이 자신의 실수에 죄책감을 갖고 속죄를 하거나 그로 인한 대가 혹은 보상을 치르는 모습을 보면서 그가 저지른 실수를 납득하고 받아들이게 된다. 그리고 이렇게 다양한 상황과 다각적인 면모를 보여주는 것이야말로 인물을 입체적으로 만드는 방법이다.

주인공을
외톨이로 만들어라

주인공은 관객의 공감을 사야 한다. 그런데 어떻게 하면 공감을 얻을 수 있을까? 다양한 방법이 있지만 슈퍼히어로 장르에서 흔히 쓰이는 방법은 역시 주인공을 외톨이로 만드는 것이다.

애초에 슈퍼히어로의 활동은 일상을 희생해야만 하는 일이다. 사회 시스템에 완벽하게 적응한 사람, 안정된 환경에서 사는 사람이 구태여 고를 이유가 없는 직업이기도 하다. 슈퍼히어로는 그 자체가 사회 시스템에 균열을 만드는 존재이고, 슈퍼히어로로 산다는 것은 개인의 불안정한 상황을 조성하는 일이다. 그럼에도 불구하고 주인공은 슈퍼히어로로서 살아가는데, 그렇다면 이에 대한 이유가 반드시 필요하다. 그리고 많은 경우, 그 이유는 그가 외톨이이기 때문이다.

사람은 기본적으로 공감 능력을 갖고 있고, 다른 누군가에게 자신을 투사하기 마련이다. 그리고 이러한 공감 능력은 누군가의 아픔이나 고통을 접할 때 빠르게 발휘되고는 한다. 이는 사람들이 윤리적이고 고운 심성을 가졌다는 이야기가 아니다. 이 공감 능력은 좀 더 동물적인 감각에 가깝다. 누군가가 망치질을 하다 실수로 손가락을 찧거나 방을 나가다 문턱에 발가락을 부딪히는 모습을 봤을 때, 우리는 자연스레 자신이 당한 것마냥 질겁하고 놀라지 않는가? 이는 인물이 느끼는 외로움에 있어서도 마찬가지로 작동한다. 그래서 관객은 주인공이 외톨이일 때 그에게 더 쉽게 이입하며 애정을 갖고 응원하게 된다.

주인공을 외롭게 만드는 방법은 크게 셋으로 나눌 수 있다. 하나는 그저 불운해서 외로워지는 경우다. 〈인크레더블 헐크〉의 브루스 배너는 감마선 연구 중 사고로 인해 헐크가 된 후 도주자로 살아야 했고, 〈가디언즈 오브 갤럭시〉의 피터 퀼은 어릴 적 외계인에게 납치되어 가족과 동떨어져 성장해야 했다.

다른 하나는 등장인물이 실수를 저질러 외로워지는 경우다. 토르는 〈토르: 천둥의 신〉에서 왕 오딘의 허락 없이 부당하게 다른 행성을 침공했기에 후계자의 자격을 박탈당하고 지구에 유배돼야 했으며, 닥터 스트레인지는 〈닥터 스트레인지〉에서 교통사고로 손을 다치고 절망에 빠져 주변 사람들에게 화풀이하다 사랑하는 사람마저 떠나보내고 혼자가 된다.

마지막 하나는 인물의 신념 때문에 외로운 경우다. 나타샤 로마노프는 〈블랙 위도우〉에서 소코비아 협정에 대한 가치관 차이로 어벤져스 동료들과 헤어진 이후 홀로 도주 생활을 이어나가는 상황이었고, 티찰라(블랙 팬서)의 동생 슈리는 〈블랙 팬서: 와칸다 포에버〉에서 분노와 복수심으로 하트허브를 취하면서 선조들이 머무는 초원에서 사랑하는 가족을 만나는 대신 텅 빈 궁전에서 에릭 킬몽거를 마주해야 했다.

이렇게 외롭고 고립된 상황은 주인공을 곤경에 빠뜨리는 동시에, 그가 그렇게나 불리한 상황에서도 영웅적인 선택을 하는 올바른 인물임을 강조한다. 주인공이 외로우면 외로울수록 그가 올바르고 용기 있는 선택을 하는 순간이 고결해지는 것이다. 비단 MCU만이 아니라 다른 많은 작품에서 주인공이 사회적 약자나 소수자 혹은 그들의 대변자로 등장하는 것 또한 마찬가지의 이유다.

주인공을 외롭게 하는 상황은 그럼에도 함께하는 동료와 이웃과의 관계를 더 돈독하게 만들어주기도 한다. 토니 스타크는 〈아이언맨〉에서 비서 페퍼 포츠의 도움을 받아 흉부에 달린 아크 원자로를 교체하며 유대를 쌓았고, 샹치는 〈샹치와 텐 링즈의 전설〉에서 친구 케이티와 노래방을 가서 팝송을 열창하며 외로움을 달랬다. 이런 장면들은 주인공과 주변 인물과의 유대감을 더욱 강화하고, 인물들에 대한 호감을 단숨에 이끌어낸다.

결점이 핵심이다

　　주인공이 공감을 받기 위해서는 그만의 결점도 필요하다. 무엇보다 주인공이 완전무결한 사람이면 갈등을 만들기도, 흥미로운 사건을 더하기도 어렵다. 토르의 능청스러우면서도 바보 같은 순간은 스토리의 완급을 조절하는 데 무척이나 유효하다. 닥터 스트레인지나 토니 스타크의 경솔한 선택이 없다면 MCU의 지구는 지금보다 훨씬 따분했을 것이다.

　물론 그렇다고 완벽해 보이는 캐릭터가 주인공이어선 안 된다는 이야기도 아니다. 〈캡틴 아메리카〉 시리즈의 스티브 로저스나 〈블랙 팬서〉의 티찰라는 어느 정도 완전무결한 모습을 보여주지만, 완벽한 사람은 곧 재미가 없다는 결점이 있는 셈이다. 그래서 두 인물의 고루한 모습은 다른 등장인물들의 놀림감이 되고, 이들의 결점은 그러한 방식으로 작품에 재미를 더해준다.

비단 주인공뿐 아니라 결점은 모든 등장인물의 핵심이라 할 수 있다. 어느 누군가를 설명하는, 또 그 누군가가 겪는 갈등의 근본이 무엇인지 알려주는 키워드가 바로 결점이기 때문이다. 주인공의 결점은 곧 그가 주변과 부딪히는 갈등으로 발전하며 이는 최종적으로 주인공이 극복해야 하는 문제가 된다. 그리고 이 문제를 해결하는 과정이 바로 스토리다.

모든 일이 잘 풀리고 갈등 없이 원만하게 굴러가면 스토리는 진행되지 않는다. 피터 파커는 〈스파이더맨: 홈커밍〉에서 어벤져스의 일원이 되고 싶다는, 토니 스타크의 인정을 받고 싶다는 조바심에 큰 실수를 저지른다. 브루스 배너는 〈인크레더블 헐크〉에서 헐크를 통제하지 못해 도피 생활을 해야 했다. 이렇게 각 주인공의 결점은 그 인물이 이후에 겪을 모든 사건의 원인이 된다.

주인공의 결점은 작품의 결말에서 일견 극복된 것처럼 보이더라도 후속작에서 다시 재발하는 경우가 잦다.

결점은 캐릭터의 핵심이자 캐릭터성 그 자체이기 때문이다. 반대로 시리즈가 진행되는 과정에서 충격을 받거나 트라우마가 생김으로써 없던 결점이 새로이 생겨나기도 한다.

토니 스타크는 〈어벤져스〉에서 받은 충격으로 인해 〈아이언맨 3〉에서는 공황과 불안과 강박에 시달리고, 피터 퀼은 〈어벤져스: 인피니티 워〉에서 연인 가모라의 죽음을 목도한 후 〈가디언즈 오브 갤럭시: Volume 3〉의 시작부터 정서적으로 불안정한 모습을 보여준다. 그리고 이 결점은 그들이 스토리 내내 겪는 갈등에서 반드시 극복해야 하는 과제가 된다.

 ## 슈퍼히어로의 완성, 자기희생과 구원

슈퍼히어로에게서 빼놓을 수 없는 마지막 특징은 바로 자기희생이다. 〈아이언맨〉에서 토니 스타크는 자신을 죽이고 회사를 전용하려는 동업자 오베디아 스탠을 무찌르기 위해 자신까지 휘말릴 것을 각오하고 아크 원자로를 폭발시켰다. 〈토르: 천둥의 신〉에서 토르는 모든 힘을 잃은 상황에서도 로키가 자신을 죽이려고 보낸 전투 기계 디스트로이어를 막아서서 자신의 목숨과 지구의 안전을 거래하고자 했다. 〈퍼스트 어벤져〉에서 스티브 로저스는 군부대 훈련 도중 수류탄이 떨어지자 자신의 몸을 던져 폭발을 덮으려 했다. 〈가디언즈 오브 갤럭시〉에서 피터 퀼은 우주에 맨몸으로 방출된 가모라를 구하기 위해 단 하나 남은 산소마스크를 벗어주었다. 〈닥터 스트레인지〉에서 닥터 스트레인지는 세상을 멸망시키려는 도르마무를 막기 위해 몇 번이고 죽음을 반복하며 그를 몰아세웠다. 〈스파이더맨: 홈커밍〉에서 피터 파커는 무기를 밀매하러 온 범죄자 애런 데이비스가 총에 맞을 위기에 처하자 자신이 대신 타깃이 되어 그를 구하고자 했다.

이 외에도 MCU의 슈퍼히어로들이 올바른 일을 하기 위해 자신의 희생을 두려워하지 않는 장면은 숱하게 나온다. 이러한 자기희생은 앞서 이야기한 주인공의 필수 요소 중 핵심이다. 슈퍼히어로의 자기희생은 정의로운 마음에서 비롯되며 그들을 고독하게 만드는 선택지인 동시에 스스로의 결점으로 인해 생긴 갈등을 해결하기 위한 결론일 때가 많으니 말이다. 슈퍼히어로는 슈퍼 파워를 가진 존재이면서 히어로이기도 하다. 그리고 자기희생만큼이나 영웅적인 선택은 없다.

역설적인 일이지만, 자기희생은 그 어떤 선택보다도 자기주도적 결정이어야만 가능하다. 다른 모든 것을 포기하더라도, 심지어 나 스스로의 목숨마저 버리더라도 올바름을 향한 의지를 지키려는 선택은 이해관계에서 벗어난 가장 이성적이며 자유로운 결정이다. 이러한 자기희생은 빌런이 빌런으로 남아 있는 한은 결코 고를 수 없는 선택지이고, 슈퍼히어로가 빌런과 달리 진정한 의미의 강함을 지니고 있다는 증명이기도 하다.

물론 MCU는 기본적으로 권선징악의 플롯 구조를 갖추고 있기 때문에 슈퍼히어로의 자기희생은 그저 죽음으로 끝을 맺지 않는다. 그들의 자기희생은 부활과 그에 대한 보상으로 결론을 맺는다.

토니 스타크는 자신을 희생하며 아크 원자로를 폭발시키는 것으로 오베디아 스탠을 물리치고 영웅으로서의 삶을 시작한다. 토르는 동료를 지키고자 디스트로이어에게 목숨을 내놓기를 선택함으로써 강력한 무기 묠니르를 들 수 있게 된다. 스티브 로저스는 훈련장 한가운

데서 수류탄이 터진다는 경고를 듣고 곧장 몸을 던짐으로써 슈퍼 솔저 혈청을 주입받을 자격을 얻는다. 피터 퀼은 우주 공간에 내쳐진 가모라를 구하고자 자신의 마스크를 넘겨줌으로써 다른 인물들에게 리더로서 인정받게 된다. 닥터 스트레인지는 무한에 가까운 죽음을 맞이하면서도 도르마무에 맞서 최상위 마법사의 지위에 오른다. 피터 파커는 빌런 벌처와 홀로 싸움으로써 토니 스타크로부터 스파이더맨 슈트를 입을 자격을 인정받는다. 이들은 모두 자기희생을 통해 슈퍼히어로로 완성된 것이다.

✏ 요약

- 슈퍼히어로의 슈퍼파워가 선천적인지 후천적인지에 따라 이야기의 방향성이 달라진다. 전자는 신화적인 성격이, 후자는 현실적인 성격이 강해진다.

- 슈퍼파워의 종류는 신체의 활용, 도구의 활용, 지식의 활용으로 나눌 수 있으며, 능력의 강약보다는 이를 어떻게 활용하여 흥미로운 장면을 연출할지가 핵심이다.

- 슈퍼히어로의 코스튬과 가면은 단순한 장식이 아니라 기능적, 상징적 의미를 지닌다.

- 대중적인 장르에서 주인공은 호감형인 편이 유리하며, 그의 신념과 행동이 관객을 설득할 수 있어야 한다.

- 주인공의 외로움과 결핍이 이야기를 흥미롭고 공감할 수 있게 만든다. 또 인물의 결핍은 갈등과 그 해결, 다시 말해 스토리를 만든다.

- 슈퍼히어로는 자기희생으로 완성되며, 이 희생은 구원과 보상을 불러온다.

✏ 실전 연습

- -

1. 당신이 구상하는 슈퍼히어로의 슈퍼파워는 선천적인
   가, 후천적인가? 이 설정이 이야기의 분위기(신화적 또
   는 현실적)에 어떤 영향을 주는가? 만약 현재 설정을 반
   대로 바꾼다면 이야기의 핵심 메시지나 진행 방식에
   어떤 변화가 생길까?

2. 당신의 슈퍼히어로는 신체, 도구, 지식 중 어떤 방식의
   능력을 활용하는가? 그 능력에는 어떤 강점과 제약이
   있는가? 그 능력을 가장 창의적으로 활용할 수 있는
   장면을 구상해보자.

3. 당신의 주인공은 호감형인가? 만약 그렇다면, 어떤 면
   에서 호감을 불러일으키는가? 안티히어로적인 요소를
   갖고 있다면, 그만의 정의와 신념은 무엇인가? 관객이
   그의 행동과 신념을 이해하고 받아들일 수 있도록 어
   떻게 설득할 것인가?

4. 당신의 슈퍼히어로는 어떤 외로움과 결핍을 가지고 있
   는가? 관객이 주인공에게 감정이입하게 만들기 위해
   어떤 장면을 만들어볼 수 있을까? 주인공의 결핍은 그
   의 행동과 선택에 어떤 영향을 미치는가? 그로 인해
   어떤 갈등과 문제가 발생하는가? 결핍의 극복은 문제
   의 해결에 어떤 영향을 미치는가?

5. 당신의 작품에서 슈퍼히어로가 자기를 희생하는 순간
   이 존재하는가? 그 희생으로 그가 포기해야 하는 것은
   무엇인가?(개인적인 행복, 인간관계 등) 그 희생은 어떤 구
   원과 보상으로 이어지는가?

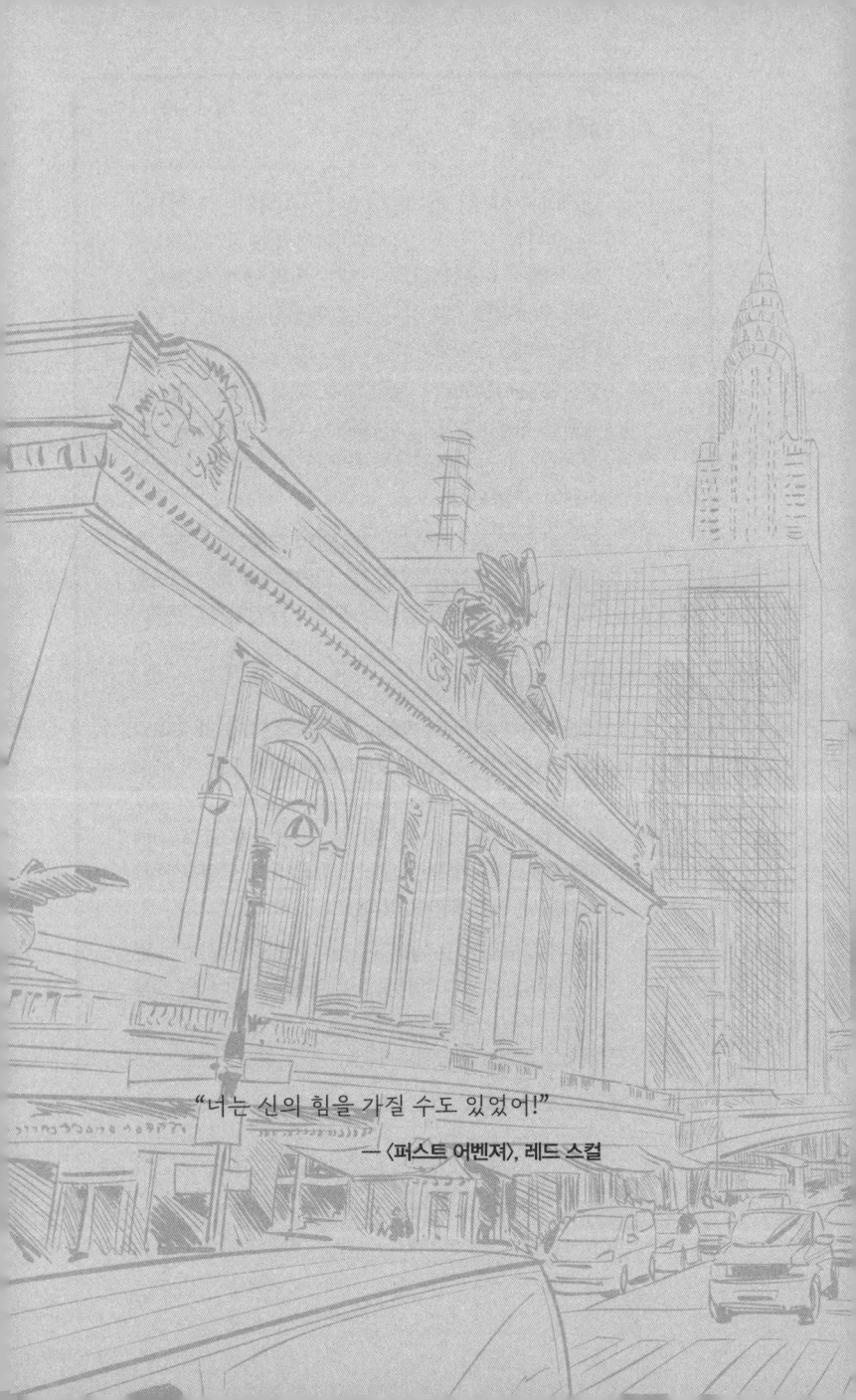

"너는 신의 힘을 가질 수도 있었어!"
— 〈퍼스트 어벤져〉, 레드 스컬

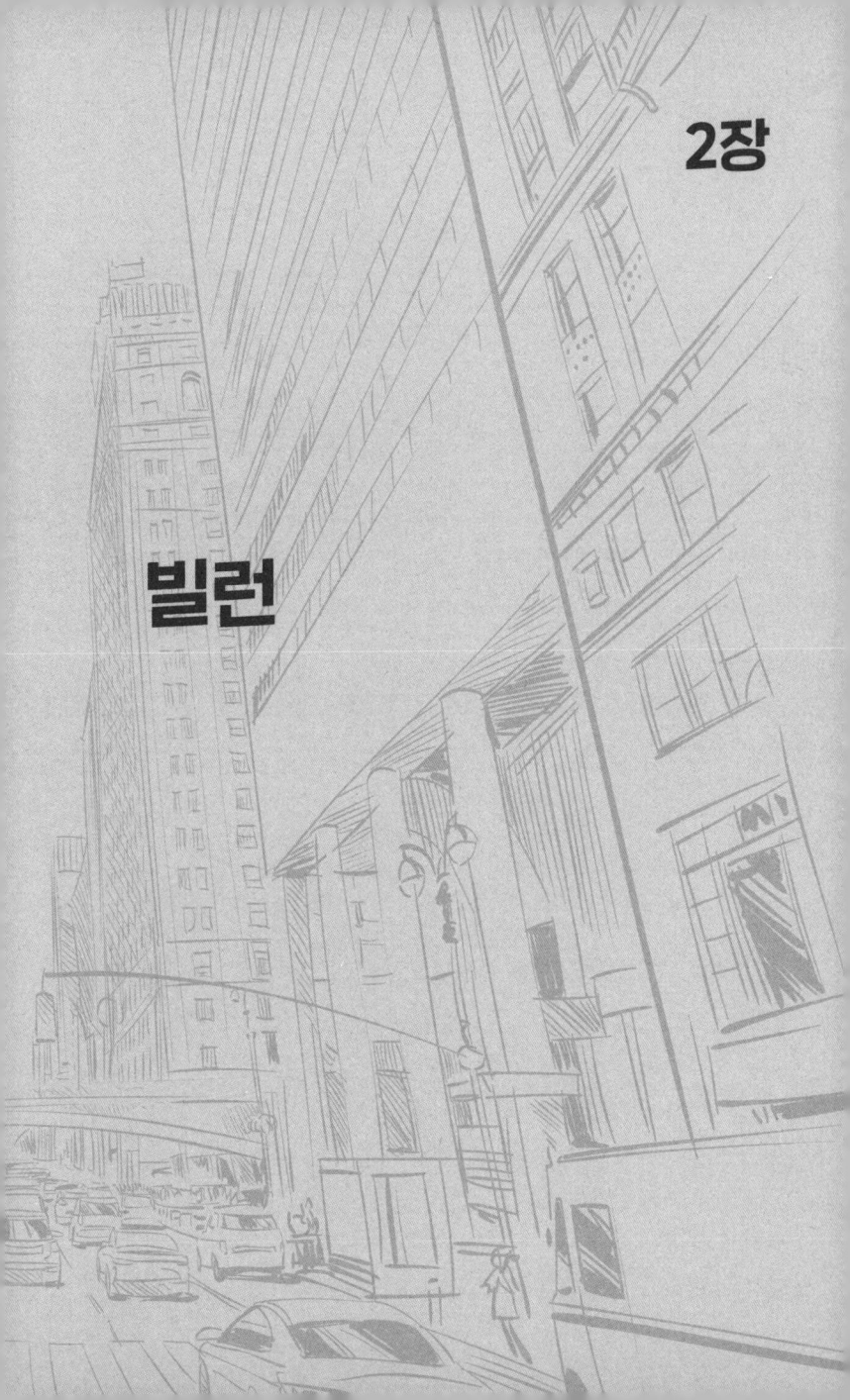

2장

빌런

주역이 아닌
악역

　이 장에서는 빌런에 대해 이야기하고자 한
다. 슈퍼히어로의 영웅적인 활약을 그리기 위해서는 그
를 가로막을, 그만큼이나 강력한 존재가 필요하다. 슈
퍼히어로에게 아무리 강한 슈퍼파워가 있고, 고결한 희
생정신이 있다 한들 그와 충돌하는 빌런이 없다면 슈퍼
히어로 장르의 스펙터클한 장면을 만들기는 어려울 것
이다.

　비록 요즘 한국에서는 빌런이라는 단어를 다양한 곳
에 붙이기 시작했으나, 기본적으로 그 정의는 악당이다.
라이벌이나 훼방꾼 혹은 연적은 주인공을 골치 아프게
하는 존재임은 분명하지만 빌런이라고까지는 할 수 없
다. 이 장에서도 어디까지나 악당이라는 의미의 빌런에
한정해서 MCU 속 적대자들을 분석해보겠다.

빌런은 주인공을
보조해야 한다

요 근래 작법에 대한 글을 보면 빌런의 중요성을 강조하는 내용이 자주 나온다. 이는 MCU를 분석하는 글에서도 마찬가지로 빈번한 주장이다. 하지만 의외로 MCU, 그리고 할리우드 상업 영화 중에서 빌런 캐릭터에 대한 묘사가 깊고 상세하지 않더라도 흥행한 작품은 적지 않다. 왜냐하면 빌런은 어디까지나 주인공을 보조하고 돋보이게 만드는 역할이지, 작품의 필수 요소는 아니기 때문이다.

만약 대중적인 슈퍼히어로 장르에 맞는 작품을 만들고자 한다면 빌런의 카리스마는 결국 선을 향한 주인공의 의지를 보여주기 위한 통과점으로만 활용해야 한다. 흥행에 실패한 작품 중에는 빌런이 중요하다는 생각에 사로잡힌 나머지 빌런에게 필요 이상의 장면과 설정을 배치해서 균형을 잃고 좌초한 경우가 많다.

애초에 조연은 주연과 달리 그 활약이 절제되었을 때 더 강한 인상을 남긴다. 순수하게 빌런으로 분류하기는 어려우나, 〈양들의 침묵〉의 한니발 렉터는 영화에서 단

15분가량만 등장하면서도 작품의 전체를 지배했고, 〈신세기 에반게리온〉 TV 시리즈의 나기사 카오루 역시 작품에서 고작 10분 등장했지만 그의 팬덤은 엄청난 기세로 확장되었던 것이 좋은 예가 되겠다.

작품의 상영 시간은 한정되어 있다. 그리고 이 한정된 자원을 빌런에게 과하게 투입한 나머지 주인공과 중심 사건을 다룰 시간이 줄어들거나 아예 확보되지 못한다면 그야말로 본말이 전도되는 일이다. 빌런이 입체적인 면모와 활약상을 보여주면 주인공은 그만큼, 아니 그 이상을 보여줘야 한다.

〈토르: 라그나로크〉에는 로키부터 헬라, 그랜드마스터까지 강렬한 개성을 가진 매력 만점의 캐릭터들이 우수수 쏟아지지만, 스토리의 중심은 어디까지나 토르며 그가 겪는 드라마*가 가장 극적이다. 헬라의 웅장한 액션 장면도 인상적이지만 토르의 액션 장면도 그만큼 강렬하고 화려하다. 이 영화에서는 로키도 기존의 콤플렉스에서 어느 정도 벗어나 성장하지만 그 이상으로 토르는

---

* 드라마drama의 정의는 다양하고 복잡하지만, 이 책에서는 '관객에게 극적인 감정을 유발하는, 갈등과 변화를 담은 서사'의 의미로 썼다.

왕좌에 어울릴 만큼 성숙해진 모습을 보여준다.

여기서 강조하고자 하는 점은 상대적으로 주인공이 빌런보다 더 활약해야 한다는 것이지, 절대적으로 빌런이 활약해선 안 된다는 이야기가 아니라는 점도 짚어둔다. 빌런이 너무 평면적이고 나약하면 주인공의 활약마저 밋밋해질 위험이 있다. 빌런의 역할은 주인공을 부각하는 것이고 이는 그 자체로 중요한 역할이라는 것을 잊지 말자.

이러한 우선순위를 떠나서, 빌런을 카리스마 있고 멋있게 만들고 싶은 경우에도 이 작법은 마찬가지로 효과적이다. 카리스마는 모든 것을 다 보여주지 않고 부분만 드러날 때, 살짝 스쳐 지나갈 때 더 강해진다. 명확하고 논리정연한 스토리는 그 안에 완결성을 갖추고 있기 때문에 상대적으로 흥미를 끌기 어렵다. 제기됐던 질문에는 답이 주어지고, 인물의 행동은 이해 가능하며, 이를 위해 필요한 대부분의 정보는 제공되기 때문이다. 반대로 이 인물의 동기는 무엇이고 능력은 어느 정도인지가 불투명하게 제시되면 관객들은 숨겨진 이야기와 다음에 나올 장면을 기대하고 상상하게 된다.

주인공은 그가 완성되는 순간이 스토리의 끝이기 때

문에 그에 관한 완결된 서사가 관객에게 전달되는 것은 필연이다. 하지만 빌런에 대해서는 미처 못다 한 이야기가 남아 있어도 작품을 마칠 수 있다. 그리고 바로 이런 면 때문에 오히려 빌런이 흥미로운 인물로 남기도 한다.

빌런을 주인공의 거울상으로 배치하라

빌런을 조형하는 방법은 아주 간단하다. 바로 주인공의 반대상이자 거울상으로 만드는 것이다. 빌런과 주인공은 거울로 비춘 것처럼 닮았지만 전체적으로는 상반된 모습을 보인다. 빌런은 주인공이 갖지 못한 걸 갖고 있지만, 주인공이 갖고 있는 것은 갖지 못한다. 이렇게 반대상이자 거울상으로 배치하면 빌런은 아주 간단하게 주인공의 비교군이 되어 서로의 캐릭터성을 강조한다. 또 여기에서 빌런과 주인공의 차이를 어디에 배치하느냐에 따라 스토리의 중심 요소가 정해진다.

〈캡틴 아메리카: 윈터 솔져〉에서 스티브 로저스는 미국과 제2차세계대전을 상징하는 국제 안보기관 쉴드의 영웅으로 등장하는 반면, 그와 대치하는 버키 반즈는 구소련과 냉전의 어둠 속에 감춰진 비밀 테러조직 하이드라의 암살자로 등장한다. 〈인크레더블 헐크〉에서 브루스 배너는 자신의 힘이 폭주하지 않게 숨어 지내면서 헐크의 힘을 없앨 방법을 찾지만, 에밀 블론스키는 더 강한 힘을 얻기 위해 슈퍼 솔져 혈청을 주입하고 헐크와 싸워 이기려고 한다. 이렇게 슈퍼히어로와 빌런이 반대상이자 거울상으로 배치되면 두 인물 간의 충격은 더욱 강렬해진다.

이러한 배치가 극단적으로 대칭을 이룰 경우, 빌런과 주인공이 하나의 인물처럼 동일한 캐릭터 아크*를 그리는 경우도 있다. 할리우드의 시나리오 작가이자 작법 연구자인 블레이크 스나이더Blake Snyder는 한 작품에서 우연은 한 번만 나와야 관객들이 수용할 수 있으나, 토비 맥과이어Tobey Maguire가 주연한 〈스파이더맨〉(2002)에서는 주인공 피터 파커와 빌런 노먼 오스본이 똑같이 우연한 사고로 슈퍼파워를 얻는 전개가 반복되어 작위적으

---

* 캐릭터 아크character arc. 스토리가 전개됨에 따라 일어나는 등장인물의 변화.

로 보인다고 비판한 바 있다. 하지만 블레이크 스나이더가 놓친 사실이 하나 있다. 피터 파커와 노먼 오스본은 어떤 의미에서는 둘로 나눌 수 없는 동일 인물이고, 그렇기 때문에 두 인물이 같은 방식으로 슈퍼파워를 얻은 것은 우연의 반복이 아니라는 것이다.

피터 파커가 슈퍼파워를 얻을 때 노먼 오스본도 슈퍼파워를 얻는다. 피터 파커가 금전적으로 위태로워질 때 노먼 오스본은 회사에서 자리를 잃을 위기에 처한다. 피터 파커가 연인과 관계를 회복할 때 노먼 오스본은 아들과 관계를 회복한다. 두 사람은 같은 사건을 동시에 겪는다. 다만 두 인물이 선택하는 방향이 다를 뿐이다. 피터 파커는 의인의 길을, 노먼 오스본은 악인의 길을 고르고, 이러한 대칭의 묘사는 곧 두 인물의 선택을 더 극적으로 강조하는 효과를 낳는다.

이렇게 빌런이 주인공과 유사한 사건을 병렬적으로 겪는 식의 전개는 MCU에서도 자주 사용된다. 〈블랙 팬서〉의 빌런 에릭 킬몽거는 박물관을 습격해 비브라늄 유물을 훔치면서 아프리카의 전통 가면 하나를 챙긴다. 이는 그가 왕족으로서 선조들의 유산을 가질 권리가 있음을 주장하는 장면인 동시에, 바로 다음에 나오는 주인공

티찰라의 왕위 계승식 장면과도 대조를 이루며 연결된다. 〈퍼스트 어벤져〉 또한 주인공 스티브 로저스가 슈퍼솔져 혈청으로 초인적인 힘을 얻은 뒤, 바로 이어지는 장면에서 빌런 레드 스컬이 전설적인 위력을 가진 물질 테서랙트를 무기화하는 데 성공해 나치의 간부들을 살해하고 하이드라의 세력을 키운다.

주인공이 결핍과 트라우마에 시달리는 것과 마찬가지로 빌런에게 결핍이 있는 경우도 있다. 〈블랙 팬서〉의 에릭 킬몽거는 어린 나이에 부모님을 잃고 복수심을 키우며 성장했고, 〈토르: 천둥의 신〉의 로키는 자신이 입양아라는 사실과 형 토르를 향한 열등감으로 방황하게 되며, 〈앤트맨〉의 빌런 대런 크로스는 자신의 멘토이자 스승이었던 행크 핌의 인정을 받지 못했다는 콤플렉스를 갖고 있다.

다만 주인공이 스토리의 여정 속에서 결핍을 메우고 트라우마를 극복하는 것과 달리, 빌런은 결핍에 사로잡히고 트라우마에 굴복하고 만다. 주인공이 이타적이고 정의로운 방향으로 성장하는 반면 빌런은 이기적이고 불의한 방향으로 타락하는 것이다. 이렇게 상반되는 결정은 곧 각 인물의 선택을 더욱 강조하여 선명하게 만든다. 서로 반대되는 색을 배치해 가시성을 키우는 보색대비 효과와 마찬가지로, 주인공과 빌런은 서로의 존재를 빛내준다고 할 수 있다.

〈샹치와 텐 링즈의 전설〉의 주인공 샹치와 그의 아버지 웬우는 어머니이자 아내였던 잉리를 잃은 슬픔에 괴로워한다. 하지만 샹치가 미국에서 자신만의 삶을 찾은 것과 달리 웬우는 테러조직 텐 링즈를 부활시키고 잉리를 되살리기 위해 전설의 땅 탈로를 침공하기로 결정한다. 웬우는 아들 샹치를 힐난하지만, 샹치는 아버지 웬우를 용서하고 위로한다.

〈캡틴 아메리카: 윈터 솔져〉에서 스티브 로저스는 제2차세계대전 당시의 미국을 상징하는 전쟁 영웅으로 묘사되는 반면, 버키 반즈는 냉전 시대의 어둡고 잔혹한 갈등을 상징하는 전쟁 병기로 그려진다. 스티브 로저스가 그를 기념하는 박물관까지 만들어질 정도로 세상이 환호하는 영웅이 된 반면, 버키 반즈는 역사의 뒤편에서 하이드라에게 세뇌돼 암살과 테러를 자행하는 악당이 되었다는 사실은 두 인물의 상황을 극적으로 대비시킨다.

이렇게 주인공과 빌런 사이의 차이를 강조하기 위해 빌런의 악행과 사연이 함께 제시된다. 이는 빌런에 대한 동정의 여지를 만들어 스토리를 풍성하게 하는 장치가 된다. 다만 이러한 동정은 어디까지나 그들을 면책하기 위함이 아닌, 올바른 징벌과 반성으로 이끌기 위함이어야 한다. 빌런은 악당으로서 저지른 잘못에 대한 책임이나 대가를 치러야만 하는 것이다.

금기에
도전하게 하라

빌런에게는 주인공을 빛내주는 것 외에도 다양한 역할이 있다. 그중 대표적으로 두 가지 기능을 꼽을 수 있다. 하나는 기존 시스템과 금기에 직접적으로 문제를 제기하는 것이며, 다른 하나는 많은 이들이 차마 이루지 못하는 욕망을 대신해서 실행하는 것이다.

주인공은 비록 시스템과 분리된 인물이더라도 궁극적으로는 슈퍼히어로이며, 우리가 사는 세계의 일상과 체제의 안정을 위해 싸운다. 그렇기 때문에 시스템과 체제 자체에 문제가 있을 때, 그들은 시스템 안에 존재하는 합법적인 해결책을 선택해야 한다. 하지만 빌런은 체제의 안정을 신경 쓰지 않고 강렬한 충돌과 갈등을 빚어냄으로써 더 직접적으로 문제를 제기할 수 있다.

〈블랙 팬서〉의 에릭 킬몽거는 아프리카 민족에 대한 서구 제국주의의 수탈과 미국 내 인종차별의 문제를 폭로하고, 무력으로 기존의 체제를 뒤엎음으로써 이를 해결하고자 한다. 〈토르: 라그나로크〉의 헬라 또한 오딘과 아스가르드가 그들의 번영을 위해 다른 문명을 침략했던 역사를 은폐하고 있다며 위선적 태도를 버리기를 요구한다. 반면 티찰라나 토르는 왕족으로 태어나 그 수혜를 입고 자랐기에 그러한 문제를 차마 알지 못했거나, 알더라도 근본적인 개혁을 주장하지 못한다.* 그리고 그런 주인공들 또한 빌런들이 제시하는 해결책에 동의하지 못할 뿐, 그들의 문제의식은 인정하고는 한다.

이러한 문제 제기의 역할을 떠나서도 빌런이 모범 시민이라면 절대로 하지 못할 일을 태연히 저지르는 모습은 그 자체로 재미 요소가 되기도 한다. 〈토르: 라그나로크〉의 그랜드마스터는 우주 곳곳의 강자들을 모아 싸움

---

* 그런 점에서 슈퍼히어로물은 까딱하면 보수적인 이야기가 되기 좋은 구조이기도 하다.

을 붙이는 투기장을 운영한다. 그랜드마스터의 이런 악행은 어떤 면에서는 '토르랑 헐크가 싸우면 누가 이길까?'라는 MCU 팬덤의 의문을 대신 해소해주는 셈이기도 하다. 다만 이런 부정적인 형태의 대리 만족은 작품의 감성을 비주류로 만들어 대중성을 깎아먹을 위험이 크기 때문에 MCU에서는 많이 쓰이지 않는 방법이다.

 ## 빌런을 아군으로
만들어라

모든 빌런이 언제까지고 악당으로 남아 있지는 않는다. 미국 만화의 역사에서도 시리즈가 진행되면서 전편의 빌런이 속편의 조력자가 되는 경우는 드물지 않다. 인물의 캐릭터 아크가 이어지면 이어질수록 그 인물의 다양한 가능성을 실험하게 되기 때문이다.

MCU에서 이렇게 아군이 된 빌런의 예시로는 〈토르〉 시리즈의 로키나 〈캡틴 아메리카〉 시리즈의 버키 반즈, 그리고 〈앤트맨〉 시리즈의 대런 크로스를 꼽을 수 있다. 특히 로키는 1편에서는 빌런이었다 2편에서는 사이드킥으로 발전했고, 이후 본인만의 드라마 시리즈를 가질 정도로 다양한 모습을 보여주었다. 버키 반즈 역시 1편에서는 든든한 조력자였다가 2편에서는 빌런의 하수인이 되었고, 마지막 3편에 이르러서야 스티브 로저스와 동등한 동료로 발전한 뒤 팔콘과 함께 드라마 시리즈의 주역이 되었다.

전편까지 주인공에게 치명적인 위협이었던 인물이 아군이 되면 이야기에 다채로운 긴장을 더할 수 있다. 빌런은 강력한 힘을 가진 동료가 되어 큰 도움을 줄 때도 있지만, 어떤 꿍꿍이인지 짐작할 수 없어 불안 요소만 더할 때도 있다. 어느 쪽이건 드라마의 폭을 넓혀주며 액션에 다양성을 더해주므로 관객의 입장에서는 내심 이런 전개를 기대할 만하기도 하다.

다만 아무리 관객들이 그런 전개를 기대한다고 해도 무턱대고 빌런을 아군으로 만들면 캐릭터의 성격을 무너뜨리면서 개연성까지 사라질 위험이 있다. 더욱이 세계관의 질서 내에서 일어나야 하는 사건이 스토리의 내적 논리나 재미보다 캐릭터의 인기에 좌우되면 전개가 부실해질 수 있다.

무엇보다 빌런이 아군이 되기 위해서는 그가 이제까

지 저지른 악행에 대한 책임을 지고 피해자들을 구제하려는 시도라도 해야 한다. 그렇지 않고서야 아군이 된 빌런은 그저 또 다른 기회주의자적 면모나 영문 모를 행보를 보인 것일 뿐, 결코 영웅이라고 인정받을 수 없기 때문이다.

로키는 〈토르: 천둥의 신〉에서 아스가르드의 왕좌를 뺏으려 쿠데타를 일으켰고 〈어벤져스〉에서는 지구를 침공해 시민들을 학살했지만 훗날 그에 대한 책임을 요구받는다. 〈토르: 다크 월드〉에서는 감옥에 갇혀야 했고 〈토르: 라그나로크〉에서는 그의 존재가 아스가르드인의 지구 망명에 장애물이 될 것을 염려해야 했다. 결국 그는 〈어벤져스: 인피니티 워〉에서 토르를 위해 타노스에 맞서 싸우다 죽음으로써 대가를 치른다. 버키 반즈 또한 비록 세뇌된 탓이기는 하나 암살자로 살면서 많은 피해자를 만들었고, 그로 인해 〈캡틴 아메리카: 시빌 워〉에서부터 〈팔콘과 윈터 솔져〉에서까지 고뇌에 사로잡힌 채 죄책감에서 벗어날 방법을 고민해야 했다.

✏️ 요약

- 빌런의 역할은 주인공을 부각하는 것이다. 빌런의 비중이 높아지면 주인공은 그 이상으로 활약해야 한다.
- 빌런을 조형하는 가장 효과적인 방법은 그를 주인공의 반대상이자 거울상으로 만드는 것이다.
- 주인공이 체제의 안정을 위해 싸우는 반면, 빌런은 사회의 부조리를 폭로하고 강력한 충돌을 유발할 수 있다.
- 빌런이었던 캐릭터를 선한 역할로 전환할 경우, 과거의 악행에 책임을 지고 과오를 반성하는 과정이 필요하다.

✏️ 실전 연습

1. 당신의 빌런은 주인공을 돋보이게 만드는 역할을 하고 있는가? 빌런이 주인공보다 강렬한 존재감을 가질 경우, 주인공이 그 이상으로 활약할 수 있도록 어떤 장치를 마련할 수 있을까?

2. 당신의 빌런과 주인공이 공유하는 공통점과, 그 둘을 구분 짓는 차이점은 무엇인가? 주인공을 설정한 뒤 그와 반대되는 요소들을 모아 빌런을 설정해보자.

3. 당신의 빌런은 주인공이 수호하려는 체제에 어떤 문제를 제기하는가?

4. 만약 당신의 빌런이 선한 역할로 변화하는 캐릭터라면, 그 계기가 되는 사건은 무엇인가? 빌런이 과거의 악행에 대해 책임지는 방식은 무엇인가?(희생, 속죄, 법적 처벌 등.)

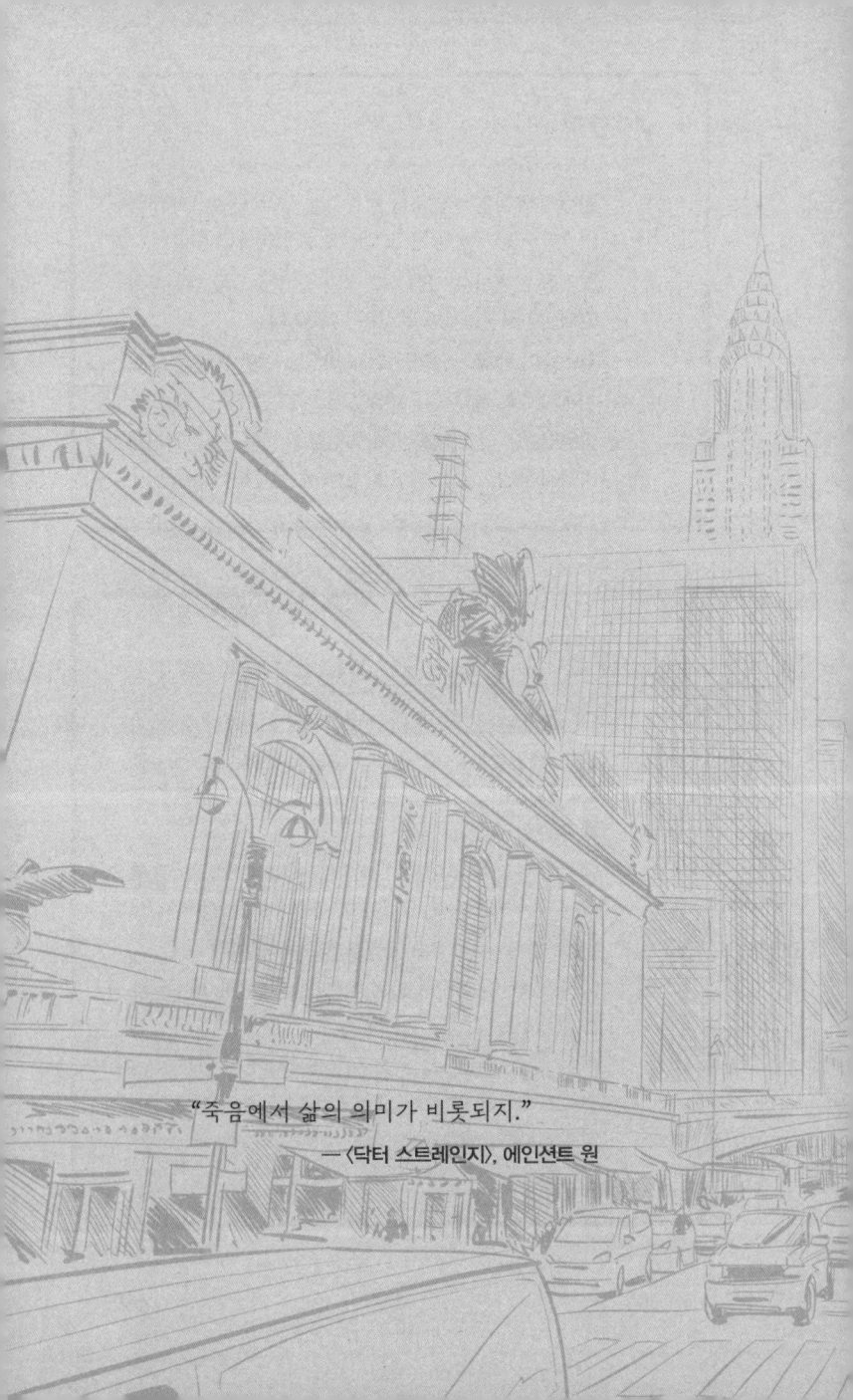

"죽음에서 삶의 의미가 비롯되지."
— 〈닥터 스트레인지〉, 에인션트 원

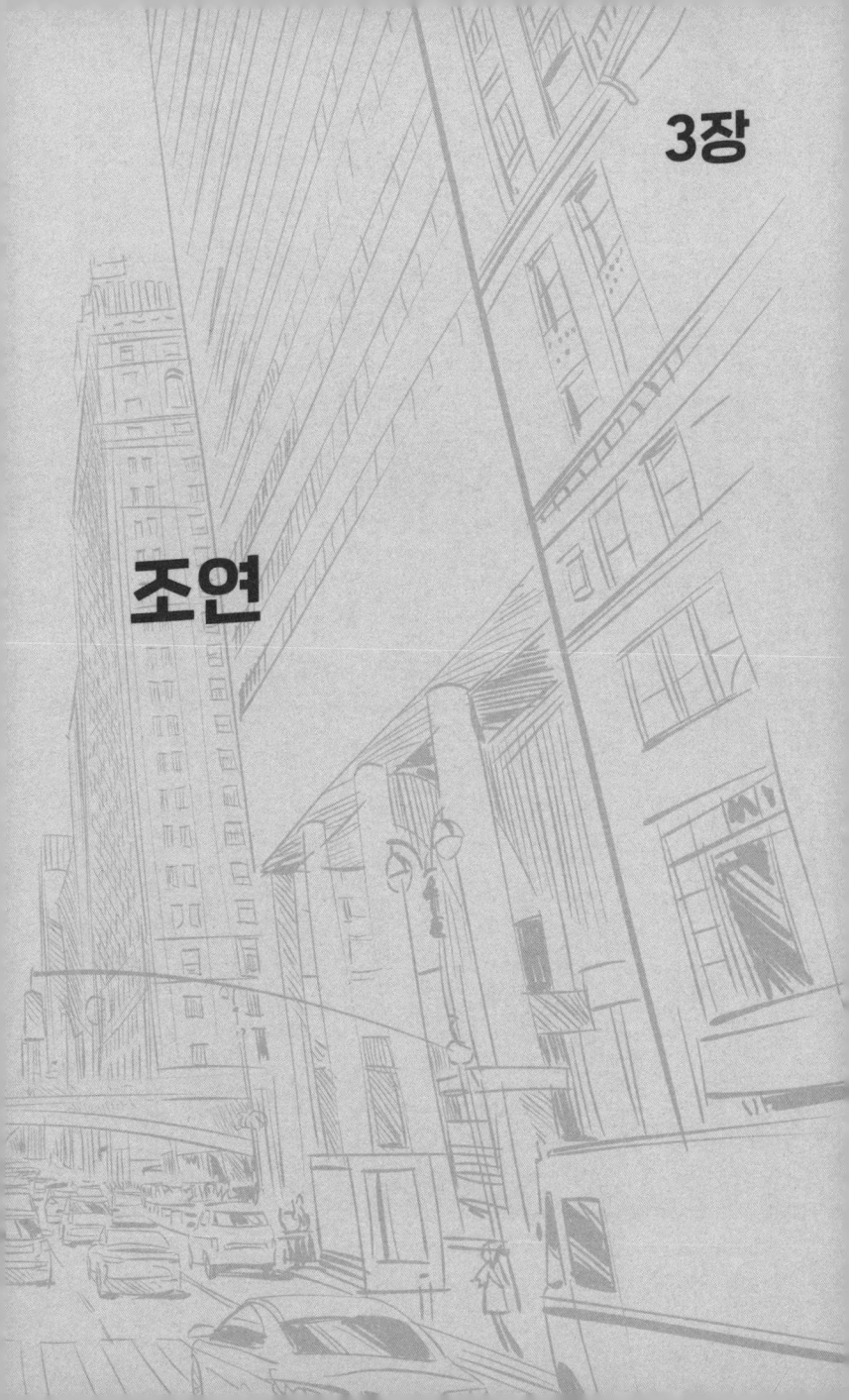

3장

조연

슈퍼히어로 영화의 중심은 주인공과 빌런 사이의 갈등이지만, 이 두 사람만 나와서는 영화 한 편 분량의 스토리를 만들기 어렵다. 특히 MCU처럼 장대한 세계관과 여러 세력 간의 복잡한 관계성이 매력인 작품이라면 주인공과 빌런만이 아니라 다양한 등장인물이 각자의 매력을 뽐낼 수 있어야 한다.

이 장에서는 조연 캐릭터의 유형을 몇 가지로 나누고 각 유형이 갖는 기능을 설명하고자 한다. 이 유형은 어디까지나 임의적인 것이며 명확하고 분명하게 나뉘는 것은 아니다. 또한 하나의 유형에 여러 등장인물이 속하거나 하나의 등장인물이 여러 유형에 속하는 경우도 많으므로 유연하게 해석할 필요가 있다.

 상징적 아버지

상징적 아버지˙는 주인공에게 삶의 방침을

˙ 상징적 아버지란 생물학적 아버지와는 무관하게, 강력한 권력을 가지고 주인공에게 지대한 영향을 미치며 그 권력을 주인공에게 계승하기도 하는 존재를 뜻한다. 더 자세한 설명은 5장을 참고하라.

알려주는 존재다. 주인공이 슈퍼히어로로 활동하는 이유는 이 상징적 아버지의 가르침을 따르기 위해서인 경우가 많다. 상징적 아버지는 〈앤트맨〉 시리즈의 행크 핌이나 〈스파이더맨〉 시리즈의 토니 스타크처럼 전현직 슈퍼히어로인 경우도 있고, 〈블랙 팬서〉의 티차카나 〈토르〉 시리즈의 오딘처럼 주인공의 혈육인 경우도 있다.

상징적 아버지는 주인공의 가치관 정립에 지대한 영향을 미치는 만큼, 작품 속 테마를 상징하는 존재일 때도 있다. 토니 스타크의 생물학적 아버지이자 아크 원자로 기술의 발명가인 하워드 스타크는 〈아이언맨〉 시리즈가 복원하려는 가치를 보여주는 인물이다. 이 인물의 이름인 하워드는 미국의 억만장자 사업가이자 뛰어난 공학자인 하워드 휴즈Howard Hughes에서 따온 것이며, 토니 스타크 역시 하워드 휴즈를 모델로 삼아 만든 캐릭터다. 나아가 〈아이언맨 2〉에서는 하워드 스타크가 스타크 엑스포와 관련된 영상을 촬영하는 장면이 나오는데, 이 장면은 노골적으로 월트디즈니컴퍼니의 설립자 월트 디즈니Walt Disney가 디즈니랜드를 소개하는 영상을 오마주한 것이었다. 약간의 비약을 담아 말하자면 토니 스타크와 하워드 스타크는 하워드 휴즈와 월트 디즈니라는 미국 역사에 남은 괴짜 억만장자 둘을 섞어서 만든 인물이고, 〈아이언맨〉 시리즈가 지향하는 가치도 이 조합과 무관하지 않다.

만약 주인공이 작품의 시작부터 이미 성숙한 인물인 경우에는 상징적 아버지와의 관계가 다른 경우에 비해 수평적이면서 우정에 가까운 유대로 나타나고는 한다. 〈앤트맨〉의 주인공 스콧 랭이 이미 한 아이의 아버지이자 대학원에서 학위를 따고 직장 생활을 하다 감옥까지 갔다 온 다채로운 경험의 소유자였기에 그의 상징적 아버지인 행크 핌과 대등한 파트너로서 힘을 합쳤던 것처럼 말이다.

반대로 주인공이 미성숙한 인물인 경우에는 상징적 아버지를 향한 동경과 기대가 너무나 큰 나머지 수직적인 관계가 형성되기도 한다. 주인공이 아예 미성년자였던 〈스파이더맨〉 시리즈의 피터 파커는 시리즈 내내 상징적 아버지인 토니 스타크의 영향을 좋은 의미로도, 나쁜 의미로도 많이 받아 흔들리는 모습을 보여주었다.

또한 상징적 아버지는 스토리가 전개되는 과정에서 죽거나 그에 준하는 상태에 처하고는 한다. 〈퍼스트 어벤져〉에서 에이브러햄 어스킨 박사는 하이드라에게 암살당하기 전날 스티브 로저스에게 '완벽한 군인이 되기보다는 좋은 사람이 되어달라' 당부하고, 〈아이언맨〉에서 호 잉센 박사는 테러조직에서 탈출하려는 토니 스타크를 도와주다 죽으면서 '인생을 낭비하지 말아달라'고 부탁한다. 이는 곧 주인공이 상징적 아버지에게 심정적인 부채를 갖고, 이 채무를 갚기 위해 슈퍼히어로로 활동이라는 선택에까지 도달하는 계기가 된다.

그러나 주인공은 슈퍼히어로로서 아무리 열심히 활동하더라도 자신을 지키기 위해 스스로를 희생한 상징적 아버지에게 빚을 갚지 못한다. 왜냐하면 이 채무 관계가 해소되었다고, 너는 할 만큼 다 했다고 승인해줄 상징적 아버지는 이미 사라진 이후이기 때문이다. 주인공이 상징적 아버지에게 진 빚으로부터 벗어나는 방법은 단 하나뿐이다. 자신 또한 다른 누군가나 세상을 위해 자신의 목숨을 희생함으로써 자신이 갖고 있던 빚을 갚는 것이다.

물론 상징적 아버지라고 해서 그 인물이 항상 선하고 긍정적인 모습만 보여주지는 않는다. 오히려 문제적인 인물이거나 중대한 비밀을 숨기고 있는 경우도 많다. 오딘은 우주의 평화를 위해서만이 아니라 아스가르드의 번영을 위해 침략 전쟁을 벌인 과거가 있었고, 티차카 또한 자신의 어린 조카가 미국에서 고아로 자라도록 방치하고 이 사실을 숨기는 위선을 저질렀다. 이렇게 상징적 아버지에게 부정적인 면이 있는 경우, 주인공은 상징적 아버지의 문제를 인정하고 그로부터 교훈을 얻어 자신만의 깨달음을 얻는 형태로 성장한다.

연인 혹은 가족

MCU의 주인공은 상징적 아버지를 위해 마스크를 쓰고 연인이나 가족을 위해 마스크를 벗는다. 상징적 아버지가 주인공이 슈퍼히어로로 활동하는 이유를 제공하는 인물이라면, 연인이나 가족은 주인공이 개인으로서 일상을 지속해야 하는 이유를 제공하는 인물이라고 할 수 있다. 동시에 연인과 가족은 주인공이 죽지 말아야 할, 살아남아야 할 이유가 되기도 한다. 연인이나 가족을 구하기 위해 자신의 목숨을 희생해야 하는 경우만 아니라면 말이다.

MCU에는 연인 캐릭터와 관련된 재미난 징크스가 하

나 있다. 그것은 바로 시리즈의 1편에서는 주인공과 연인이 온전히 맺어지지 못한다는 것이다. 〈아이언맨〉에서는 토니 스타크가 마지막 기자 회견을 준비하며 페퍼 포츠에게 호감을 표시하지만, 페퍼 포츠는 자신을 파티장에 홀로 두고 떠났던 토니 스타크의 실수를 지적하며 둘의 장면은 끝이 난다. 〈토르: 천둥의 신〉의 결말에서는 토르가 아스가르드와 다른 세계를 연결하는 다리 비프로스트를 파괴함으로써 지구에 있는 제인 포스터에게 돌아가지 못하게 된다. 〈퍼스트 어벤져〉에서는 스티브 로저스가 마지막 임무를 수행하다 빙하에 갇히게 되며 페기 카터와의 데이트 약속을 지키지 못한다. 스콧 랭도 〈앤트맨〉의 마지막에서 행크 핌의 딸 호프 밴다인과 로맨틱한 관계를 맺는 데는 성공하지만, 이후 〈캡틴 아메리카: 시빌 워〉에서 일어난 사건으로 인해 다시금 갈등을 빚는다. 이러한 로맨스의 지연이나 엇갈림은 이후의 시리즈에서 두 사람이 맺어질지, 맺어지지 못할지 긴장하게 만드는 재미 요소로 작용한다.

주인공이 연인이나 가족과 함께할 수 있느냐, 없느냐의 긴장은 주인공이 이들을 위해 슈퍼히어로 활동을 지속하는 것에 대한 고뇌로 발전하기도 한다. 슈퍼히어로 활동은 일상을 희생해야 하며 위험 또한 각오해야 하는 일이기 때문이다. 무엇보다 빌런이 주인공을 압박하기 위해 주인공의 연인이나 가족까지 위협할 수도 있다. 그 때문에 주인공은 연인이나 가족과 함께하기를 포기하고 슈퍼히어로 활동에 매진하거나, 반대로 연인이나 가족과 함께하기 위해 슈퍼히어로 활동을 포기하는 두 가지 선택지 중 하나를 고민하게 되는 것이다.

이렇게 주인공이 연인이나 가족과 함께하거나 함께하지 못하는 장면은 그 자체로 크나큰 감정적 영향을 준다. 특히 MCU처럼 시공간을 넘나드는 거대한 배경의 이야기의 경우 물리적인 거리나 격차가 더욱 커지기 때문에 사랑하는 사람과의 이별 특유의 드라마성 또한 선명해진다. 연인의 해외 유학으로 인해 두 사람 사이에 바다가 있어 만나지 못하게 된 이야기가 우주 전쟁으로 인해 두 사람 사이에 은하수가 있어 만나지 못하게 된 이야기로 치환되면 훨씬 더 애절한 이별로 보이게 되고, 이를 극복할 때의 감동에도 공감하기 쉬워진다. 때문에 슈퍼히어로 장르에서 주인공의 연인이나 가족은 자주 인질이나 희생양으로 전락하기도 한다. 손쉽게 관객의 긴장과 동요를 일으킬 수 있기 때문이다.

하지만 슈퍼히어로물에서 이런 역사가 너무 길어진 나머지, 주인공의 연인과 가족을 그저 빌런이 일으키는 피해를 고스란히 뒤집어쓰는 수동적인 인물로 다룰 경우에는 작품이 순식간에 식상해질 위험이 있다. 또 이런 문제를 떠나서 연인이나 가족처럼 비중이 크고 감정이입을 불러일으키는 유형의 캐릭터를 위험에 빠뜨리거나 작품에서 퇴장시키는 식으로 소모하는 것 역시 이후의 전개에 대한 기대를 접게 만드는 계기로 작용하기도 한다. 〈아이언맨 3〉의 클라이맥스에서는 토니 스타크의 연인인 페퍼 포츠가 빌런 알드리치 킬리언의 인질로 잡혀 사람을 생체 병기로 만드는 익스트리미스 약물을 주입받았다가, 도리어 빌런의 최후를 장식하는 역전의 열쇠가 되는데, 이는 작품이 관성적인 전개에 빠지지 않도록 변주를 시도한 결과라고 볼 수 있다.

 ## 사이드킥과 친구

주인공이 아무리 강력한 슈퍼히어로라고 해도 그에게는 사이드킥*이나 친구가 필요하기 마련이다. 주

인공은 모험의 세계에서 슈퍼히어로로 대활약을 펼쳐야
하는 것 이상으로 일상의 세계에서 개인의 삶을 지켜야
하기 때문이다. 사이드킥과 친구는 주인공의 일상에 드라
마를 심어주고 모험에서는 예상치 못한 장면을 더해준다.

스토리텔링의 측면에서도 사이드킥과 친구는 무척이
나 유용하다. 주인공 혼자 모든 사건을 겪으면 관객들은
그저 지켜보는 것을 통해서만 스토리를 이해하게 된다.
반대로 주인공 옆에 사이드킥이나 친구가 있으면 관객
들은 주인공이 그들과 대화를 하거나 논쟁을 펼치는 내
용을 듣는 것으로도 상황을 이해하게 된다. 〈스파이더
맨: 홈커밍〉에 등장한 인공지능 캐런처럼 주인공에게 간
단하게 브리핑해줄 수 있는 누군가가 있으면 주인공과
관객들은 짧은 시간 안에 많은 정보를 습득할 수 있는 것
이다. 〈앤트맨〉 시리즈에서 스콧 랭의 친구 루이스는 기
존에 일어난 일들을 정신없이 속사포로 과하게 자세히
쏟아내면서도 핵심은 놓치지 않고 설명하는 데, 이 역시
친구 유형의 캐릭터가 가진 이런 기능을 과장하고 강조

---

* 사이드킥sidekick. 주인공과 함께 활동하며 주인공을 지원하는 역할을 하
  는 인물.

해서 코믹하게 만든 장면이다.

주인공이 겪는 위험이나 상실 혹은 보상이 영화 속 세계와 인물에게 어떤 의미를 갖는지도 사이드킥과 친구의 입을 빌려 설명하면 간단히 생생함과 신뢰가 생겨난다. 그래서 이런 방법은 다양한 장면에서 사용되며, 주로 사이드킥은 슈퍼히어로가 겪는 모험이 얼마나 위험하고 무시무시한 일인지 설명하고, 친구는 주인공이 일상에서 어떤 손해를 보고 있는지 전달하는 식으로 활용된다.

사이드킥은 친구보다 좀 더 다양하게 활용할 수 있다. 그들이 슈퍼히어로의 모험을 보조하는 만큼 독자적인 활약의 순간을 만들기도 용이하기 때문이다. 워머신이 최첨단의 기계장치로 싸우는 아이언맨과 달리 클래식하고 묵직한 중화기*를 활용한 액션을 보여주고, 로키가 강한 육체와 물리력으로 싸우는 토르와 달리 섬세하고 지능적인 전략을 활용하는 것처럼 사이드킥은 작품 속 액션을 좀 더 다채롭게 만들어준다. 나아가 슈퍼히어로와 사이드킥이 힘을 합쳐 그들의 슈퍼파워를 다양한 방식

---

* 중기관총이나 박격포처럼, 화력을 이용한 무기 가운데 비교적 화력이 강하고 무거운 화기.

으로 조합하는 것 역시 상상도 못 한 장면을 연출하게 해 준다. 만약 사이드킥 캐릭터가 스토리만이 아니라 능력과 액션까지 완성도 높게 설계된 경우, 그 인기에 힘입어 새로운 시리즈의 주인공으로 거듭나기도 한다.

또한 사이드킥과 친구는 스토리가 진행되는 과정에서 언제라도 죽거나 그에 준하는 상태에 이를 수 있다. 주인공이 영화가 시작한 지 10분만에 죽어버린다면, 새로운 주인공이 등장하거나 주인공이 유령이 되어 활약하지 않는 한 남은 상영 시간을 채울 수 없을 것이다. 그렇기에 눈치 빠른 관객들은 어떤 순간이건 주인공이 치명적인 피해를 입지는 않으리라 계산하고는 한다.[**] 하지만 사이드킥과 친구는 어디까지나 스토리의 전개를 보조하는 역할이기에, 결정적인 순간에 큰 피해를 입게 만들어 편하게 스토리에 긴장과 이완을 줄 수 있다.

앞서 연인과 가족에 대해 설명하면서 이들이 소모적으로 활용되는 경우 관객들이 반감을 느낄 수 있음을 밝힌 바 있다. 사이드킥과 친구는 연인과 가족에 비해 관객

[**] 다만 시리즈의 완결편에서는 주인공을 포함해 그 누구라도 죽을 수 있으므로 이러한 예측이 불가능하다.

들의 이입이 크지 않고 주인공과 대등한 상황에서 싸움에 참여하기 때문에 비교적 반작용이 작은 편이나, 그렇다고 해서 마구잡이로 희생시켜도 된다는 이야기는 아니다.

로키는 〈어벤져스: 인피니티 워〉에서 타노스에게 맞서다 사망하지만, 인피니티 스톤을 훔치려 시간을 되돌린 어벤져스의 작전 도중 과거의 로키가 도주해 드라마 〈로키〉로 연결되는 새로운 캐릭터 아크를 그려나간다. 그루트는 〈가디언즈 오브 갤럭시〉에서 우주선에서 추락하는 동료들을 감싸다 온몸이 산산조각 났지만 나뭇가지를 심어 새로운 몸으로 다시 태어난다. 주인공만이 아니라 사이드킥과 친구도 자기희생을 선택했다면 그로 인한 보상으로 부활할 수 있고, 그렇게 될 경우 등장인물의 퇴장으로 인한 관객들의 아쉬움을 달랠 수도 있다. 물론 이 또한 남용해선 안 되는 전개인 것은 마찬가지지만 말이다.

# 훼방꾼

　　훼방꾼은 모험보다는 일상의 영역에서 주인공을 괴롭히는 등장인물이다. 이들은 어떤 의미로는 빌런보다도 훨씬 두려운 대상이다. 빌런이 주인공의 목숨을 노리고 덤벼 오면 주인공은 그를 때려눕히기만 하면 된다. 하지만 훼방꾼이 주인공의 법적 구금을 노리고 고소를 하면 주인공은 변호사를 구하고 자문을 받아 재판정에 서야 한다. 토니 스타크가 〈아이언맨 2〉의 빌런 이반 반코의 테러를 막기 위해 그를 공격했을 때는 누구에게도 비난받지 않았지만, 〈캡틴 아메리카: 시빌 워〉에서 로스 국무장관이 소코비아 사태의 책임을 묻기 위해 어벤져스의 활동을 통제한다는 협정문을 내밀었을 때는 더 강한 책임감을 보여야 했던 것처럼 말이다.

　　이런 훼방꾼 캐릭터는 악이 아닌 또 다른 형태의 정의, 사회 시스템과 국가 제도의 영역에 속하는 경우가 많다. 그렇기에 훼방꾼과의 갈등을 해결하는 것은 악당과의 싸움보다 까다로우며 공적, 정치적 수순을 하나하나 밟아나가야만 풀 수 있다. 그래서 이는 물리적으로 싸워 이기는 것이 아니라 논리적으로 상대를 설득하고 납득시키는 형태로 제시되며, 그 갈등을 아예 해소하지 못하는 경우도 잦다.

〈스파이더맨〉시리즈에서 주인공을 괴롭히는 동급생 플래시 톰슨은 피터 파커를 계속 놀리고 무시하는 동시에 스파이더맨의 팬을 자처한다. 스파이더맨의 정체가 피터 파커라는 사실을 꿈도 꾸지 못하기에 나타나는 아이러니한 모습은 그 자체로 웃음을 주고, 동시에 피터 파커가 아무리 스파이더맨으로 활약하더라도 그를 통해 얻은 명예나 영광의 수혜는 누릴 수 없다는 사실까지 강조한다. 이렇게 훼방꾼은 주인공의 삶을 입체적으로 고민하게 만들어주는 계기로도 작용한다.

만약 시리즈가 진행되는 과정에서 주인공이 선한 의지와 실천으로 훼방꾼과의 갈등을 해소한 경우, 훼방꾼은 누구보다 든든한 주인공의 지지자가 되어주기도 한다. 훼방꾼이 주인공을 판단했던 기준과 잣대가 엄격했을수록 이 지지는 커지기 마련이다. 이런 경우 대부분 훼방꾼은 주인공이 자신만의 정의가 아니라 시민 사회의 정의까지 존중하는 인물임을 보증하는 역할을 자처하기 때문이다.

특히 스콧 랭의 경우 이렇게 까다로운 캐릭터 유형인

훼방꾼들과 사이가 좋아지는 모습을 자주 보여준다. 스콧 랭의 전처의 남편인 짐 팩스턴은 〈앤트맨〉에서는 스콧 랭을 꺼려하고 경계했지만, 스콧 랭이 좋은 사람이라는 걸 알게 된 이후 〈앤트맨과 와스프〉에서는 그를 누구보다 다정하게 포옹해준다. FBI 요원인 지미 우는 〈앤트맨과 와스프〉에서 스콧 랭을 감시하고 깐깐하게 대했으나 결말 부근에서는 그에게 저녁 식사를 제안한다. 무엇보다 스콧 랭이 일했던 아이스크림 가게의 점장 데일은 〈앤트맨〉에서 스콧 랭이 전과를 숨기고 가게에 취업했음을 지적하며 그를 해고했으나 〈앤트맨과 와스프: 퀀텀매니아〉에서는 스콧 랭을 금세기 최고의 사원으로 임명한다.

이렇게 주인공이 그의 선한 의지를 증명하는 것으로 훼방꾼과의 갈등을 풀고 친구가 되는 순간은 어떤 의미에서는 가장 슈퍼히어로다운 장면이라고도 할 수 있다. 만약 주인공이 빌런이었다면 훼방꾼을 만나는 즉시 그를 빌딩 밖으로 던져버리는 것으로 모든 갈등을 해결했을 테니 말이다.

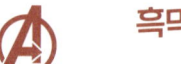 **흑막**

작품 안에서 슈퍼히어로와 인간적인 드라마와 결부되는 갈등은 빚지 않으나, 문제가 되는 상황을 주도적으로 만든 인물들이 있다. 빌런이라는 분류 안에 뭉쳐놓기에 이들은 너무나 독자적인 개성을 갖고 있으므로, 여기서는 흑막이라는 개별적인 분류를 사용하고자 한다.

MCU에서는 주인공이 빌런에 맞서 승리하더라도 이야기가 완전히 끝나지 않는다. 빌런 뒤에는 흑막이 숨어 있고, 그 흑막을 쓰러뜨리기 전까지는 여전히 위협이 남아 있다는 전개가 흔히 나오기 때문이다. 흑막의 존재는 후속 시리즈에 대한 기대감을 키우면서도 개별 작품의 완결성을 무너뜨린다는 점에서 양날의 검이라고 할 수 있으나, 아직까지 MCU는 비교적 흑막 캐릭터를 큰 문제없이 활용한 편이다.

흑막이 묘사될 때 관객들이 가장 기대하는 점은 그 캐릭터의 압도적인 힘을 보는 것이다. 여기서의 힘은 단순히 물리적인 파괴력일 때도 있고 정치적인 영향력일 때도 있다. 〈샹치와 텐 링즈의 전설〉에 나온 어둠의 드웰러는 물리적으로는 상대하기 무척 어려운 적수였으나 인간 사회에 끼치는 영향력은 웬우를 세뇌해서 조종하는 정도에 불과했고, 〈캡틴 아메리카: 시빌 워〉에 나온 헬무트 제모는 어떠한 슈퍼파워나 도구도 갖고 있지 않았으나 지략과 음모로 정치적인 영향력을 발휘해 어벤져스를 궁지에 몰아넣는 데 성공한다.

이런 유형은 항상 명확히 갈리지는 않는다. 오히려 대부분의 경우 흑막은 기본적으로 물리적 파괴력과 정치적 영향력 두 가지를 전부 지니고 있을 때가 많다. 아무래도 흑막이 개별 시리즈의 빌런을 꼭두각시처럼 조종했다는 것을 납득시키기 위해서는 그보다 여러모로 강력한 존재임을 보여주는 편이 좋기 때문이다.

흑막을 묘사할 때 가장 중요한 점은 바로 그의 힘을 처음부터 끝까지 다 묘사하는 것이 아니라 일부만 간접적으로 보여주어 능력의 한계를 상상하지 못하게 유도해야 한다는 것이다. 흑막과의 결전은 이어지는 시리즈를 통해 긴장을 고조시키면서 마지막 클라이막스까지 지연시켜야 한다. 〈아이언맨〉 시리즈에서 텐 링즈의 존재가 계속해서 암시되는 것만으로도 이후의 갈등을 기대할 수 있었던 것처럼 말이다.

MCU에서는 어둠의 드웰러나 〈닥터 스트레인지〉의 도르마무처럼, 흑막이 처음 언급된 작품의 결말 부분에 바로 등장해 주인공과 직접 대결하는 경우도 있다. 이렇게 주인공이 1편부터 시리즈 전체를 찾아봐도 비교하기 어려울 정도로 강대한 존재와 싸워 이기면 그 주인공은 데뷔와 동시에 그가 얼마나 강한 슈퍼히어로로 성장했는지를 바로 보여줄 수 있다. 그 대신 이런 경우는 시작부터 고점을 너무 높게 잡았기에, 이후 계속해서 고점을 갱신해야 한다는 부담스러운 과제를 떠맡는 일이기도 하다.

흑막의 중요한 기능 중 하나는 바로 작품의 빈 부분을 관객들이 상상할 수 있게 해준다는 점이다. 작품 안에 갑작스러운 사건의 발생이나 우연의 반복 등 부자연스러운 장면이 나오더라도 이 모두가 흑막의 음모일 수 있다는 가능성으로 인해 오히려 더 큰 기대로 이어진다. 그리고 후속작에서 이러한 기대를 만족시켜줄 경우, 시리즈가 지속되면서 생길 수밖에 없는 설정상의 결함이나 모순을 해소하는 것 또한 가능하다. 〈캡틴 아메리카: 윈터 솔져〉에서 쉴드가 하이드라에게 잠식되었다는 설정이 나오면서 쉴드가 그전까지 보여준 부족한 면모를 흑막의 탓으로 돌릴 수 있었던 것처럼 말이다.

흑막 캐릭터는 언젠가는 한 작품의 빌런이 되어 주인공과의 갈등을 매듭지어야 한다. 하지만 이렇게 쓰러뜨려야 하는 구체적인 대상이 되는 순간 흑막은 기존의 카리스마를 유지하기 힘들어진다. 주인공에 의해 무너지면 카리스마가 사라지고, 그렇다고 주인공을 이겨버리면 작품의 방향성을 뒤흔들고 만다. 이런 딜레마 속에서 〈아이언맨 3〉는 시리즈 내내 의미심장하게 다뤘던 텐 링즈와 그 수장 만다린이 사실은 연출된 조직이었다는 제3의 길을 택하기도 했다. 이처럼 맥거핀* 격이었던 흑막의 카리스마를 의도적으로 무너뜨려 충격을 주는 전개도 가능하지만, 이는 다루기 무척 까다로운 방식이다. 관객들의 기대를 좋은 방향으로건 나쁜 방향으로건 배신하는 일이기 때문이다.

빌런이 된 흑막과 주인공 사이의 밸런스를 어떻게 맞출 것인가는 쉽지 않은 문제다. 이 밸런스의 기준은 작품의 내용과 주제에 따라서도 달라지기 때문에 섣부른 결론은 내리지 않고자 한다. 다만 빌런이 된 흑막 캐릭터의

---

* 맥거핀macguffin. 중요하지 않은 인물, 사건, 상황, 소재 등을 중요한 것처럼 보이게 해 관객의 주의를 끄는 영화적 트릭.

카리스마를 유지하기 위해서는 그 인물의 깊이를 유지해야 한다는 것만큼은 분명히 짚고 넘어가도록 하겠다. 인물의 사상이나 논리는 빈약한데 이를 웅장한 음악과 장대한 화면 등의 연출로 뭉개버리고 카리스마가 유지되었다고 우겨서는 오히려 작품 전반에 대한 신뢰를 잃게 할 수 있기 때문이다.

 ## 조직

MCU에는 세계관을 더 매력적으로 만드는 조연인 다양한 종류의 조직과 세력이 존재한다. 하이드라나 레드룸같이 지구에 존재하는 비밀 조직이나 라바저스와 이터널스처럼 은하 곳곳을 누비는 스페이스 오페라*적 집단, 그리고 쉴드나 세계안전보장이사회 등의 초국가적 조직에 이르기까지, 독특한 조직들의 설정은 그 자체로 세계관에 생동감을 불어넣는다.

---

* 스페이스 오페라space opera. SF의 하위 장르로, 주로 미래의 우주를 배경으로 한 모험과 전쟁을 다룬다.

이렇게 현실에는 존재하지 않는 조직을 설정할 때 가장 간편하고 직관적인 방식은 현실의 사례를 모티브로 삼는 것이다. 대표적으로 쉴드나 A.I.M.과 같은 조직은 실존하는 첩보 기관이나 연구 단체를 바탕으로 하고, 와칸다의 왕실 근위대 도라밀라제나 에밀 블론스키가 만든 명상 센터 어보마스테는 지구 곳곳의 역사나 문화 속에서 따온 집단이다. 아니면 아스가르드나 이터널스처럼 신화 속 지역이나 인물을 MCU 세계관에 맞게 재해석하는 방식도 있다.

작품에서 슈퍼히어로와 슈퍼파워를 중심 소재로 놓는 경우에는 대미지컨트롤이나 세계안전보장이사회같이 슈퍼히어로와 빌런의 전투로 인한 부수적인 피해를 수습하는 공적 조직을 만들어도 좋다. 우리가 살고 있는 세계에 슈퍼파워로 인한 변화가 생겼을 때 어떤 조직과 절차가 필요해질지 상상하는 작업은 이야기에 현실성을 더하면서 장르적인 즐거움마저 취할 수 있다.

독특하고 개성 강한 집단을 설정하고 싶다면 특정한 장르 특유의 요소를 조합해 그 작품에만 어울리는 느낌의 조직을 만드는 방법을 권한다. MCU에서는 은하를 떠도는 우주 해적단 라바저스가 그 예시라 할 수 있다. 이들의 복장은 서부극의 무법자와 사이버펑크 속 현상금 사냥꾼을 합친 느낌이고, 이들의 관습은 해적 소설 속 해적들의 문화를 닮았다. 특히 SF 장르에서는 이렇게 다양한 레퍼런스를 조합해 독창적인 집단을 마련하는 경우가 많다.

✏️ 요약

- 상징적 아버지는 주인공의 가치관과 작품의 테마에 큰 영향을 준다.
- 연인이나 가족은 주인공이 슈퍼히어로 활동을 지속하거나 포기해야 할 이유를 제공한다.
- 사이드킥과 친구는 정보 전달과 액션의 다양성을 더한다.
- 훼방꾼은 주인공의 갈등을 입체적으로 만든다.
- 흑막은 후속작에 대한 기대감을 조성하며 스토리의 긴장감을 유지한다.
- 다양한 조직과 세력을 설정하면 세계관에 생동감이 더해진다.

- -

1. 당신의 작품 속 주인공에게 영향을 미치는 상징적 아버지는 누구인가? 그는 주인공의 가치관 형성에 어떤 영향을 주었는가?

2. 당신의 주인공은 히어로로서 살아가는 것과 평범한 삶을 선택하는 것 중에서 어떤 갈등을 겪고 있는가? 연인이나 가족은 여기에 어떤 영향을 주는가?

3. 당신의 주인공의 조력자는 누구인가? 그들은 어떤 방식으로 주인공을 돕고 있는가? 그들이 주인공과 협력하는 방식이 액션이나 장면에 어떤 다양성을 더하는가?

4. 당신의 주인공을 방해하는 훼방꾼이 존재하는가? 그는 어떤 방식으로 주인공에게 장애물이 되는가? 훼방꾼이 단순한 방해자가 아니라, 주인공의 성장에 중요한 영향을 미치는 요소가 되게 하려면 어떻게 해야 할까? 주인공이 훼방꾼과의 갈등을 해결하면, 이후 이야기에서 어떤 변화를 맞이하게 되는가?

5. 당신의 작품 속 세계관에서 공권력은 어떻게 구성되어 있는가? 공권력이 약하다면, 어떤 집단이 그 세계의 주도권을 쥐고 있는가? 세계관을 잘 보여줄 조직과 세력을 설정해보자.

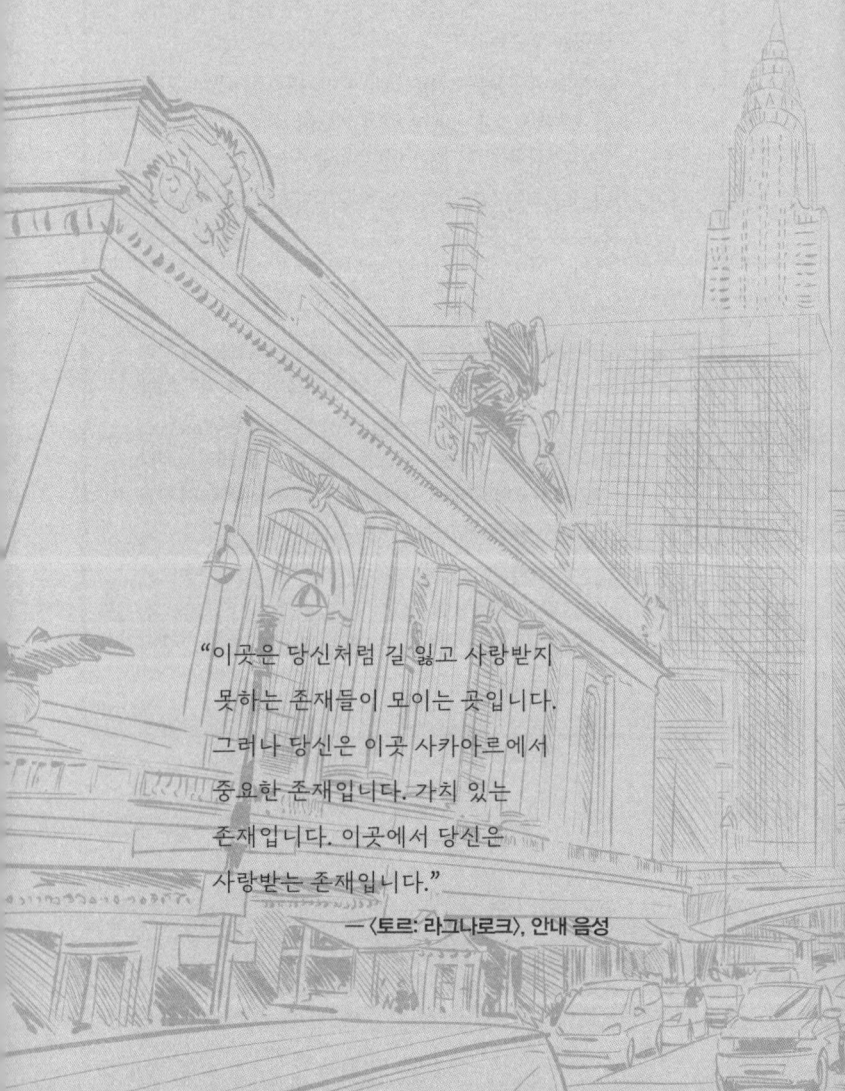

"이곳은 당신처럼 길 잃고 사랑받지
못하는 존재들이 모이는 곳입니다.
그러나 당신은 이곳 사카아르에서
중요한 존재입니다. 가치 있는
존재입니다. 이곳에서 당신은
사랑받는 존재입니다."

— 〈토르: 라그나로크〉, 안내 음성

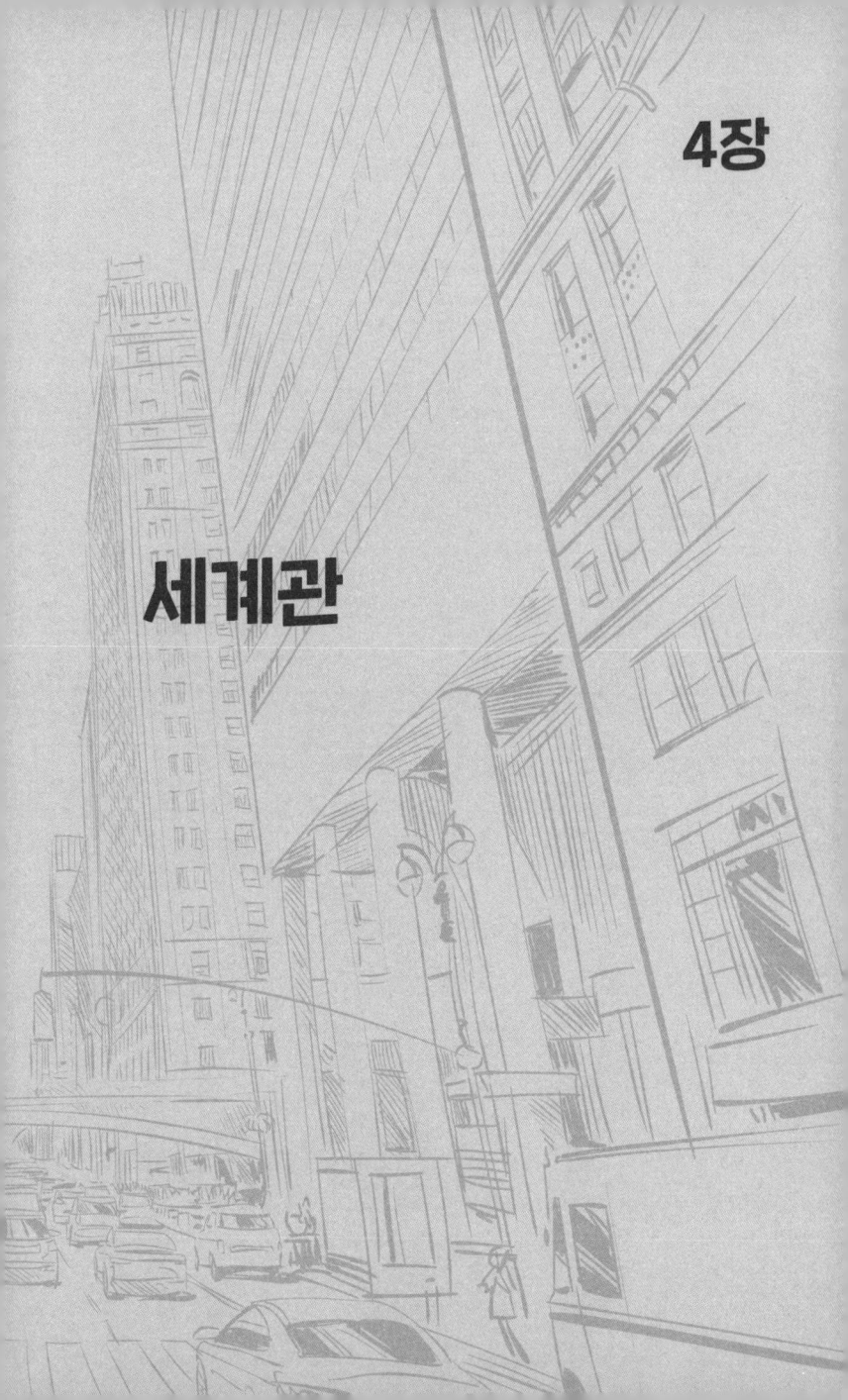

4장

세계관

세계관이란?

　　MCU 같은 거대한 프랜차이즈를 꿈꾸는 사람들은 흔히 복잡하면서도 완전무결한 세계관을 설정하고 이를 구현하기를 꿈꾸고는 한다. 하지만 아쉽게도 모든 설정과 장치가 완벽하게 맞아떨어지는 복잡하고 거창한 세계관을 만드는 것은 판타지에 가깝다. 이를 달성하거나 목표로 삼아선 안 된다고 말할 생각까지는 없다. 그렇지만 만약 MCU같이 커다란 세계관을 배경으로 하는 작품을 만들고 싶다면 우선 상대적으로 작은 세계관과 적은 설정들을 병렬적으로 구현하되, 추후 이들을 엮을 수 있는 빈틈을 곳곳에 만들어두는 방법을 권한다.

　어떤 이들은 세계관과 설정을 게임의 룰처럼 여긴다. 정해둔 설정을 따르고 재현하는 과정에서 즐거움을 준다는 점에서 이는 어느 정도는 유효한 비유이다. 그리고 우리는 게임을 더 즐겁게 플레이하기 위해서 가끔은 게임의 룰을 어기거나 개정할 필요가 있음을 알고 있다. 야구에서 매 시즌마다 공인구의 반발력을 조정하거나 스트라이크존의 측정을 심판이 아닌 기계에게 맡기기로 변경하는 것처럼 말이다.

이 장에서는 MCU가 세계관을 활용하는 다양한 방식을 정리할 예정이다. 이 방식들 역시 필요와 기능에 따라 얼마든지 취사선택할 수 있는 문제라는 것 또한 분명하게 밝혀놓는다.

 ## 강렬한 핵심 이미지를 만들어라

세계관을 가장 생생하게 전달하는 방법은 바로 하나의 강렬한 이미지를 제시하는 것이다. 〈스타워즈: 새로운 희망〉에서 황야에 서서 두 개의 태양이 지는 모습을 바라보는 한 청년의 뒷모습만큼 〈스타워즈〉 클래식 시리즈를 직관적으로 설명하는 방법이 또 있을까? 〈에이리언〉에서 우주선 노스트로모호의 어두운 통로를 빠르게 통과하는 에이리언의 잔영만큼이나 이 작품의 세계관을 납득시킬 텍스트가 존재할까?

단 한 장의 이미지가 백 권의 책보다 더 많은 이야기를 담을 수도 있다. 만약 당신이 우리의 현실과 다른 배경의 작품을 만들면서 그 안에 강렬한 세계관을 담고 싶다면 단 한 장의 이미지에서 출발하기를 권하고 싶다. 그리고 그 이미지가 도시의 정경을 담고 있다면 더욱 수월하게 당신의 스토리를 풀어나갈 수 있을 것이다. 공간은 그 자체로 무척이나 많은 정보를 담고 있으니 말이다.

〈토르〉 시리즈에서 아스가르드의 화려한 건축물을 보면 이 왕국의 문명 수준과 번영의 정도를 가늠할 수 있다. 〈블랙 팬서〉 시리즈 역시 아프리카의 전통문화와 미래기술이 융합된 와칸다라는 지역의 특수성을 피부로 느낄 수 있는 공간들을 제시한다. 조감도의 시선으로 공간을 넓게 훑는 컷은 작품의 세계관과 설정을 직관적으로 전달하며 그 너머의 이야기를 상상하게 만든다. 이 이미지가 명확할수록, 다른 작품과 차별화될수록 관객이 느끼는 작품 속 세계의 해상도가 높아지는 것이다.

이렇게 공간을 통한 세계관의 전달은 건축양식만의 문제가 아니다. 〈스파이더맨〉 시리즈에서 피터 파커가 거미줄을 타고 마천루 사이를 날아다니거나 〈앤트맨〉 시리즈에서 스콧 랭이 개미처럼 작아져서 바닥의 틈새와 하수도의 배관 사이를 뛰어다니는 장면은 현대의 도시를 완전히 다른 차원에서 바라볼 수 있게 해준다. 세계관에서 건축양식이 세계world에 대한 제시라면, 이러한 앵

글의 변화는 관view에 대한 제시라고 할 수 있다. 세계와 관, 이 두 가지 모두 세계관의 조성에서 필수불가결한 요소다.

장르를 반영하라

MCU에는 뉴욕이 무척이나 자주 등장한다. 뉴욕은 어벤져스 타워가 있는 곳이면서 피터 파커가 고등학교를 다니는 곳이자 최상위 마법사가 지키는 생텀이 있는 곳이다. 그런데 분명 같은 도시를 배경으로 하고 있음에도, 개별 작품에서 보여주는 이미지는 완전히 다른 분위기를 풍긴다. 〈어벤져스〉 시리즈의 뉴욕은 커다랗고 화려한 대도시지만 〈스파이더맨〉 시리즈의 뉴욕은 약간 거칠면서도 친근하고 다정한 이웃이 사는 동네이며 〈닥터 스트레인지〉 시리즈의 뉴욕은 마법이 감춰진 비밀스런 공간이다.

어째서 MCU의 뉴욕은 이렇게 다채로운 모습으로 등장하는 것일까? 이는 같은 공간이더라도 그 공간을 다루는 작품의 장르마다 요구되는 이미지가 완전히 다르기 때문이다. 각 장르에는 그에 어울리는 소재와 관행이 있기 마련이다. 그렇기에 작품의 세계관은 현실을 참조하되 장르의 소재와 관습에 맞게 재구성될 필요가 있다. 〈아이언맨〉 시리즈 같은 테크노 스릴러*라면 첨단 기업 스타크인더스트리가 보유한 고층 빌딩이나 창고, 그 안의 엄중한 보안 시설이 나와야 하고, 〈스파이더맨〉 시리즈 같은 하이틴 로맨스라면 홈커밍 파티가 진행 중인 학교 체육관이 나와야 하는 것이다.

가족 드라마에서 묘사하는 농촌과 호러 영화에서 묘사하는 농촌이 같을 수 없듯, 어떤 세계관을 다루건 그 세계관의 장르를 명확히 하고 그 장르에 어울리는 요소들을 갖추어야 한다. 그렇기에 세계관을 구성할 때는 그보다 앞서 장르에 대한 이해와 각종 레퍼런스의 수집이 필수적이다. 〈토르〉 시리즈와 〈가디언즈 오브 갤럭시〉 시리즈처럼 같은 스페이스 오페라 장르로 묶이는 작품들조차도 세부적인 이미지와 배경이 정반대인 데는 나

---

* 테크노 스릴러techno thriller. 스릴러의 하위 장르로, 과학, 군사, 외교, 정치, 첩보 등의 분야에서 컴퓨터나 생명공학 같은 첨단 기술이 초래할 수 있는 위험을 다룬다.

름의 이유가 있다. 〈토르〉 시리즈는 인간의 눈으로 보기에는 신화적으로 보일 정도로 발달한 외계 행성의 수도를 다루므로 북유럽 신화와 바이킹 문화권에 대한 레퍼런스를 핵으로 삼고, 〈가디언즈 오브 갤럭시〉 시리즈는 무법자들이 은하 곳곳을 떠돌며 펼치는 모험담이므로 서부극과 해양 모험소설에 대한 레퍼런스를 핵으로 삼았다. 그렇기에 작품에 가장 최적화된 세계의 모습을 그려낼 수 있었던 것이다.

 ## 슈퍼파워에 호응하는 세계를 설계하라

MCU의 장르는 슈퍼히어로다. 그렇기에 MCU의 세계관 또한 슈퍼히어로를 중심으로 설계되어 있다. 특히 개별 히어로의 솔로 무비는 그 히어로의 슈퍼파워가 세계관의 중심축이 되어야 한다. 〈아이언맨〉 시리즈를 예로 들어보자. 이 시리즈의 스토리는 아크 원자로라는 에너지 기술의 개발과 관련되어 흘러간다. 스타크인더스트리는 군수산업체인 동시에 신에너지 개발을 진행한 과거가 있으며, 이 기술은 토니 스타크에 의해 완성되어 아이언맨 슈트의 핵심 기술로 사용된다. 〈아이언맨〉에서 토니 스타크를 향한 오베디아 스탠의 암살 시도는 이 아크 원자로 기술을 독점하기 위한 것이었으며, 〈아이언맨 2〉에서 경쟁 기업 CEO 저스틴 해머와 물리학자 이반 반코의 협력은 스타크인더스트리를 넘어서는 기술 개발로 토니 스타크를 무릎 꿇리기 위한 것이었다.

이렇게 주인공이 속한 진영과 적대 세력, 그리고 핵심 갈등의 설정은 주인공의 슈퍼파워와 관련 지어 붙여나가야 한다. 〈닥터 스트레인지〉 시리즈라면 마법과 차원을 중심으로, 〈앤트맨〉 시리즈라면 핌 입자와 양자 영역을 중심으로 세계관의 각종 설정들이 구성되는 것이다. 그래야만 이야기의 갈등이 주인공에게 집중되고 주인공이 주도해서 문제를 해결할 수 있기 때문이다.

주인공의 슈퍼파워는 비유하자면 게임 시스템 속 핵심 테마라고 할 수 있다. 게임에서는 핵심 테마에 맞춰 게임의 스테이지와 오브젝트와 미션이 주어진다. 〈슈퍼마리오〉 시리즈에서는 게임의 핵심 테마가 점프이기 때문에 주인공인 마리오가 맞서는 악당이나 넘어서야 하는 장애물은 모두 점프를 통해 극복할 수 있도록 구성된다. 〈포탈〉 시리즈에서는 게임의 핵심 테마가 이곳에서 저곳으로 건널 수 있는 포탈이기 때문에 주인공 첼이 포탈건을 잘 활용하면 공략이 가능하도록 스테이지가 설계된다. 이처럼 세계관은 주인공의 슈퍼파워에 호응해야 한다.

헐크는 마주하는 모든 것을 부술 수 있으므로 헐크가 활약하는 공간은 뭐든지 다 때려 부술 수 있는, 그리고 그로 인해 카타르시스를 느낄 수 있는 공간으로 설정되어야 한다. 앤트맨은 어디든지 작아져서 숨어들 수 있으므로 그에게 주어지는 미션은 어딘가에 잠입하고 무언가를 빼돌리는 일이어야 한다. 작품 속 세계는 주인공과 주인공의 슈퍼파워를 가장 돋보이게 할 수 있는 배경의 역할을 맡아야 하는 것이다.

주인공의 슈퍼파워는 작품의 주제와도 연결된다. 캡틴 아메리카의 슈퍼파워는 제2차세계대전 당시 군인이었던 스티브 로저스가 군대를 통해 주입받은 슈퍼 솔져 혈청으로 몸과 마음이 강화되며 얻은 것이다. 그렇기에 〈캡틴 아메리카〉 시리즈는 전쟁 속에서 병사가 인간이 아닌 도구가 되며 일어나는 갈등에 대해 다룬다. 토르의 슈퍼파워는 신으로서의 용력과 아스가르드의 왕 오딘으로부터 하사받은 무기 묠니르에 있다. 이 능력을 빼앗기고 되찾으며 전개되는 스토리는 왕좌에 앉기 위한 자격이란 무엇인가, 왕좌란 무엇인가에 대한 직접적인 질문이기도 하다.

의상과 도구로 드러내라

의상과 도구 또한 세계관을 전달하는 데 무척이나 중요한 요소다. 특히 MCU같이 현실과 거리가 먼 세계의 이야기를 다루는 경우라면 더더욱 그렇다. 그런 경우 주인공과 등장인물들이 다른 장르에 비해 많은 편인 데다 가상의 존재인 경우가 많기에, 시각적 정보를 통해 그가 속한 문화권이나 계급, 취향 등을 직관적으로 전달할 필요가 있다.

〈블랙 팬서〉의 경우 이야기의 무대가 되는 와칸다의 콘셉트를 아프리카에서 따왔기 때문에 인물들의 복식이나 악세서리 또한 아프리카의 전통 문물을 현대적으로 디자인해 만들었다. 이에 더해 〈블랙 팬서〉 시리즈의 감독인 라이언 쿠글러Ryan Coogler는 인물의 복장마다 테마가 되는 색을 정하고 그 색에 의미를 부여해 인물의 성격을 전달하고자 했다고 밝힌 바 있다. 예를 들면 와칸다 고유의 자원인 비브라늄을 수탈해갔던 율리시스 클로나 미국 비밀부대에서 적국을 교란했던 에릭 킬몽거는 영화 속에서 식민주의를 상징하는 푸른 빛의 옷을 자주 입는다. 와칸다의 제사장인 주리의 복장이나 초인적인 힘의 원천인 하트허브, 티찰라가 선조들의 환영을 마주하는 공간은 영화 속에서 영적인 영역을 상징하는 보라색을 띤다. 이는 전부 시각적 정보를 통해 직관적으로 인물들을 파악하기 좋게 의도된 연출이다.

〈토르〉 또한 북유럽과 바이킹 문화 그리고 유럽의 귀족 사회를 바탕으로 복장의 양식과 생활상을 전달한다. 작품의 배경은 분명 머나먼 우주의 행성이지만 친숙한 이미지를 통해 그 세계 속 인물들의 계급과 전문 분야를 짐작하게 한 것이다. 또한 오딘은 황금색 갑옷을, 토르는 붉은색 망토를, 로키는 녹색 옷을 입도록 설정해 각 캐릭터들의 성격이나 지위를 직관적으로 알 수 있게 유도한다.

이러한 의상과 도구는 더 가까운 문화권의 캐릭터를

묘사할 때도 활용된다. 〈샹치와 텐 링즈의 전설〉에서 샹치가 케이티의 집에 들어갈 때 신발을 벗는 장면이 대표적인 경우다. 영미권의 작품에서 등장인물들이 신발을 신고 침대까지 올라가는 묘사를 지켜보며 위생 관념의 차이로 고통받던 아시아권 관객들이 드디어 그들의 상식에 부합하는 인물들을 보았을 때 느끼는 반가움은 이루 말할 수 없다. 아시아권 관객들은 샹치가 신발을 벗고 집안 어르신들께 인사를 건네는 순간, MCU의 그 어느 캐릭터보다 더 샹치를 사랑하고 응원할 준비를 마친다.

이렇게 신발을 벗는 동작을 넣는 것처럼 의상과 도구에 대한 아주 작은 디테일이 그 어떤 설정이나 대사보다도 큰 역할을 할 때가 있다. 다만 그렇다고 해서 이런 묘사에 너무 천착해서는 안 된다. 디테일은 어디까지나 플롯 전체의 균형을 정리한 뒤 추가적으로 더해야 하는 공정이니, 작업의 선후 관계와 우선순위를 착각하지 않도록 경계할 필요가 있다.

세계관을 관통하는
설정을 짜는 법

추측건대 아마 이 부분이 책을 구입한 독자들이 가장 많이 기대하는 항목일 것이다. MCU만의 특징이라고 하면 많은 이들이 전체 세계관을 관통하는 매력적인 설정을 꼽기 때문이다. 이 장에서는 그런 설정들이 갖는 의미와 효과, 설정을 짜는 법, 나아가 창작자가 설정을 다룰 때 가장 주의해야 하는 점을 정리해보겠다.

MCU의 세계관을 관통하는 설정들, 그중에서도 맥거핀이나 이스터 에그*, 카메오의 활용은 소격 효과 아닌 소격 효과를 가져다준다고 할 수 있다는 점에서 무척이나 매력적이다. 독일의 희곡 작가인 베르톨트 브레히트 Bertolt Brecht는 연극에서 관객의 감정이입이나 몰입을 일부러 방해해 상황을 객관적으로 보게 하는 것을 소격 효과라 정의 내렸다. 이와 비슷하게 우리는 MCU의 작품들을 연결 짓고 MCU의 세계관을 관통하는 설정들을 마

---

* 이스터 에그easter egg. 영화나 게임, 컴퓨터 소프트웨어 등에 제작자들이 재미로 숨겨놓은 기능이나 메시지.

주칠 때마다 하나의 작품에 대한 몰입에서 벗어나 MCU 세계관이라는 더 큰 시리즈에 대한 이입에 휘말리고 만다. 〈아이언맨〉을 잘 감상하고 극장을 나갈 준비를 하다 스크린 안에서 토니 스타크의 저택에 앉아 있던 닉 퓨리를 보게 되는 순간이나, 〈앤트맨〉에서 스콧 랭이 개미를 타고 날아다니는 모습을 넋 놓고 바라보다 소코비아 사태에 대한 신문 기사를 마주하는 순간을 떠올려보자. 이때 관객들은 충격과 함께 지금껏 본 이야기에 대한 몰입에서 쫓겨나, 그것이 더 큰 이야기의 흐름 안에 있음을 깨닫고 전율한다. 이것이 바로 소격 효과 아닌 소격 효과이다.

세계관을 관통하는 설정들은 처음부터 완벽하게 짜놓은 상태로 출발하면 이후 전개에 장애물이 될 위험이 크다. 그렇기에 이 설정들은 의미심장한 느낌을 줄 수 있는 정도만 노출하는 방식, 의문을 떠올리고 다음을 궁금하게 여길 정도의 공백으로만 남겨놓는 방식이어야 한다. 또 이미 짜놓은 설정이 있다고 하더라도 상황과 필요에 따라 유연하게 조정할 수 있도록 준비해놓아야 한다.

그렇지만 시리즈가 확장되는 와중에 설정들이 복잡하게 얽히거나 충돌하지 않게 하는 것만큼은 반드시 필요한 작업이다. 그렇기에 다른 대부분의 설정들은 유연하게 조정하더라도, 최소한 단 두 가지만큼은 내적으로 일관성을 갖추기를 권한다. 하나는 사건이 일어난 시간의 순서고, 다른 하나는 사건이 일어난 장소의 배치다. 즉 연표와 지도, 이 두 가지는 명확하게 만들어놓고 작업을 진행해야 이야기가 펼쳐지는 과정에서 모순이 발생하지 않는다.

그런데 세계관을 관통하는 설정들을 다룰 때 가장 중요한 것은 사실 따로 있다. 의상과 도구에 대한 디테일과 마찬가지로, 이런 설정들은 어디까지나 세계관의 기본이 충실히 다져진 뒤에 더해야 하는 공정이지, 세계관의 출발점이 아니라는 점이다.

물론 이러한 설정들이 MCU를 볼 때 가장 눈에 띄고 매혹적인 면인 것은 분명하다. 하지만 그렇기에 더더욱 이런 설정만 생각하면 안 된다. 내가 교직에서 작가 지망생에게 피드백을 해주거나 학생과 상담할 때 가장 곤혹스러운 경우도 이렇게 여러 작품을 연계하는 설정만 갖고 오는 경우다. 이 기획은 자신이 어렸을 때부터 지금까지 오랜 세월에 걸쳐 구상한 대작이며, 설정을 짜느라 아주 고심했다고 하면서 백과사전을 연상케 하는 설정집을 가져오는 경우 말이다.

나는 이런 방식으로 작품을 끝까지 마무리하는 경우를 단 한 번도 보지 못했다. 놀랄 일도 아니다. 무턱대고 아이디어를 던지기만 한 뒤 정돈하지 않고 만든 작품은 방대하기보다는 방만하기 쉽다. 설정이 너무 많은 작품은 보는 사람이 작품을 즐기기보단 설정을 공부하는 느낌을 받아 피로감을 느끼게 된다. 설정이 재미에 복무해야지, 재미가 설정에 복무해서는 안 된다.

아주 당연한 이야기에서 출발해보자. 여러 작품을 연계하는 설정들은 개별 작품의 재미를 보증해주지 않는다. 개별 작품의 완성도를 먼저 마련한 다음에 이런 설정들을 더해야만 한다. 여러 작품의 연결고리에서 출발하면 개별 작품의 완성도는 되레 무너질 수 있기 때문이다. 또 정해진 연결고리대로 만드는 이야기는 만드는 사람에게는 퍼즐을 맞추는 재미를 줄 수는 있겠으나, 보는 사람에게는 도대체 그게 뭔데 몇 십 개나 되는 고유명사를 외워야 하냐는 저항감만 부르기 십상이다. 이런 위험을 피하기 위해서라도 세계관을 관통하는 설정에 대한 집착에서 벗어나야 한다.

물론 세계관이 커지고 시리즈가 이어지면 기존 작품

과 이후 나올 작품들 사이의 연결을 숙지해야 하는 것은 분명하다. 하지만 이는 어디까지나 시리즈가 탄력을 받고 세계관의 확장이 안정적으로 이루어졌을 때의 이야기지, 처음부터 작품들의 연결고리만 만들어놓고 출발할 필요는 없는 것이다.

MCU가 복잡한 세계관과 이를 관통하는 설정들을 어느 정도 마련하고 출발할 수 있었던 이유는 어디까지나 프랜차이즈가 쌓아온 역사가 있었기 때문이다. 슈퍼히어로 한 명이 아니라 이들이 팀을 이룬 시리즈를 여럿 제작했고, 성공과 실패를 반복했으며, 그중 성공적이라고 판단한 설정들은 살리고 실패에 가까운 설정들은 폐기하면서 점진적으로 세계관을 완성시켰기에 가능한 일이었다. 수십 차례의 시도와 이에 대한 피드백의 반영을 통해 시간과 공을 들여 만든 세계관과 설정을, 후발 주자들이 무턱대고 복사해봤자 겉핥기에 지나지 않는 결과물을 내놓을 수밖에 없다.

이러한 설정들은 마련해놓고 출발하는 것이 아니다. 이런 설정들이 들어갈 공백, 빈틈만 마련해주어도 충분하다. 아니, 오히려 그래야만 개별 작품의 완성도를 보장하면서도 그런 설정이 요구되는 순간마다 가장 적합한 설정을 세워가며 스토리를 유기적으로 연결할 수 있다.

이는 몇 번이고 반복해서 강조해도 모자란 내용이다. 한번 생각해보라. 개별 작품의 성공 가능성을 놓고 볼 때, 플롯 구조의 균형과 완성도를 강조하는 이야기가 실패할 확률과 이후 시리즈와의 연결고리가 될 작은 설정에 집착하는 이야기가 실패할 확률을 비교해보자는 것이다. 개별 작품의 성공이 없으면 후속 작품의 진행조차 불가능한데, 전자보다 후자를 우선시할 이유는 전무하다.

물론 이런 설명을 몇 번이고 하더라도 한 이야기의 완성도보다는 이후 시리즈와의 연결고리가 될 설정에 집착하는 작가 지망생은 꼭 나오기 마련이다. 왜냐하면 이야기의 완성도를 좌우하는 플롯 구조의 중요성을 이해하는 것은 직접 작품을 만들고 결과물을 내보는 경험을 필요로 하지만, 이후 시리즈와의 연결고리가 될 설정들을 짜는 것은 위키 페이지에서 다른 작품의 설정들을 구경하고 따라하는 것만으로도 어느 정도 가능하기 때문이다. 자신이 만든 이야기는 스스로 그 완성도에 실망하고 좌절할 수도 있지만, 자신이 만든 설정집은 그 너머에 멋진 이야기가 나올 것이라는 기대감과 고양감만 느끼고 끝낼 수 있으니 설정만 짜고 끝내고 싶은 유혹에 빠지기 쉽다. 설정집을 길게 작성한 것만으로도 자신이 무언가 대단한 작업을 했고 걸작을 만드리라는 확신을 갖게 되는 것이다.

하지만 이 확신은 그저 망상에 불과하다. 이 망상이 작품을 만들 때 창작열을 키우는 효과가 있는 것까지는 부정하지 않으나, 이 창작열에 취해서 창작의 결과물을 등한시해서는 절대 훌륭한 작품을 만들 수 없다는 것을 기억해야 한다.

✏ 요약

- - 하나의 강렬한 공간 이미지만큼 세계관을 효과적으로 전달하는 수단은 없다.
- - 세계관은 장르에 맞는 소재와 관습을 반영해야 한다.
- - 슈퍼히어로가 등장하는 작품의 세계관은 주인공의 슈퍼파워와 조응해야 한다.
- - 의상과 도구는 세계관을 직관적으로 전달한다.
- - 세계관을 관통하는 설정들을 짜는 데 매몰되어 개별 이야기의 완성도를 등한시해선 안 된다.

✏️ 실전 연습

- -

1. 당신의 세계관을 설명하는 이미지를 한 장 떠올려 보자.

2. 당신의 작품이 속한 장르(슈퍼히어로, 스페이스 오페라, 판타지, 사이버펑크 등)의 주요 소재와 관습은 무엇인가? 그 소재를 활용하여 당신의 세계관을 효과적으로 표현하고 있는가? 다른 장르의 요소를 혼합하여 신선함을 준다면 어떤 세계관을 만들 수 있을까?

3. 당신의 주인공이 가진 슈퍼파워는 작품 속 세계관의 설계에 어떻게 관여하고 있는가?

4. 관객이 당신이 만든 캐릭터들의 의상과 도구만 보고도 그 소속과 역할을 유추할 수 있겠는가? 특정 집단의 옷차림이나 기술이 그들이 속한 사회의 특성을 설명할 수 있도록 설정해보자.

5. 당신이 만든 설정은 이야기를 풍성하게 만드는가, 난잡하게 만드는가? 설정이 이야기의 진행을 막는다면, 거침없이 폐기하자.

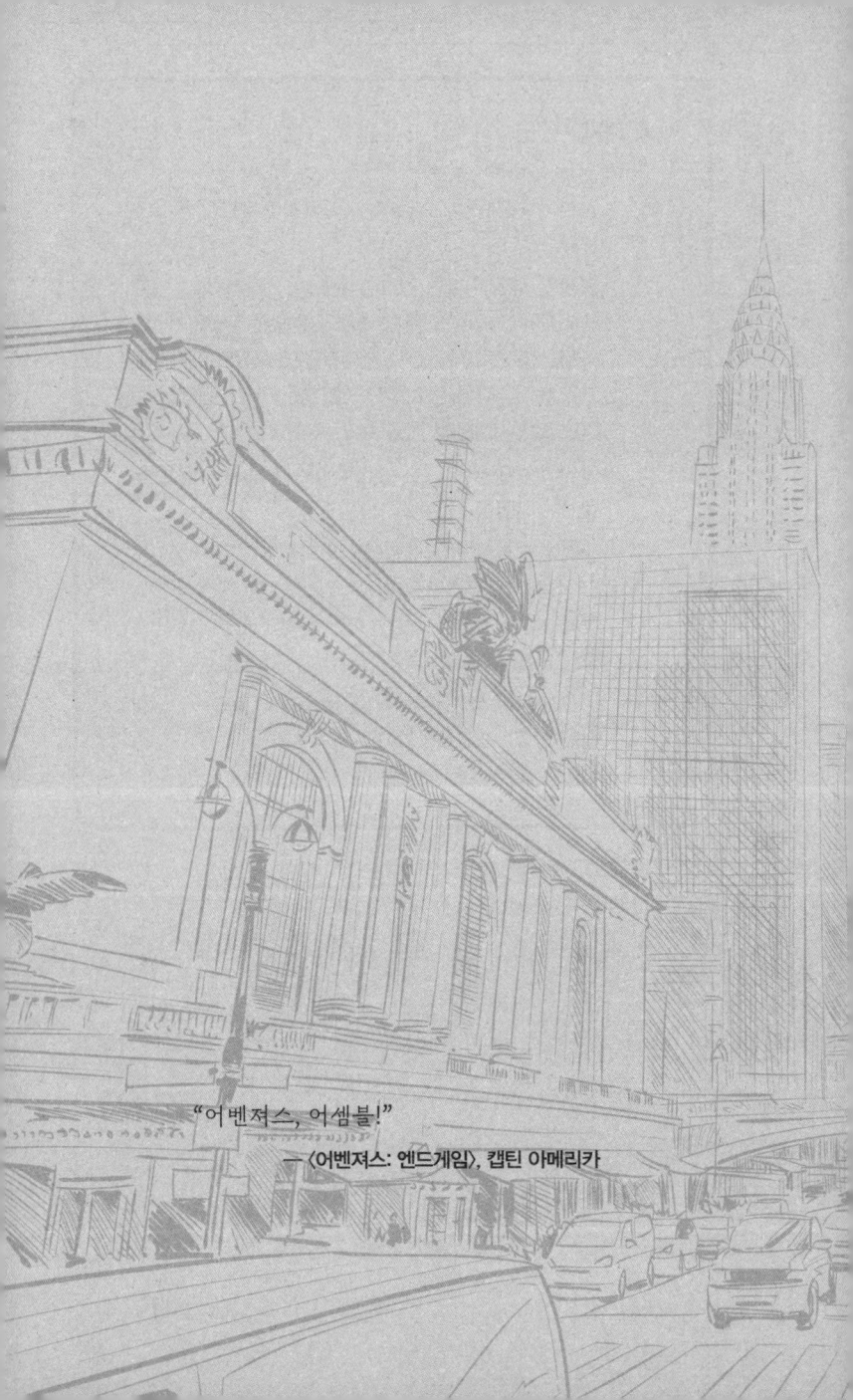

"어벤져스, 어셈블!"
— ⟨어벤져스: 엔드게임⟩, 캡틴 아메리카

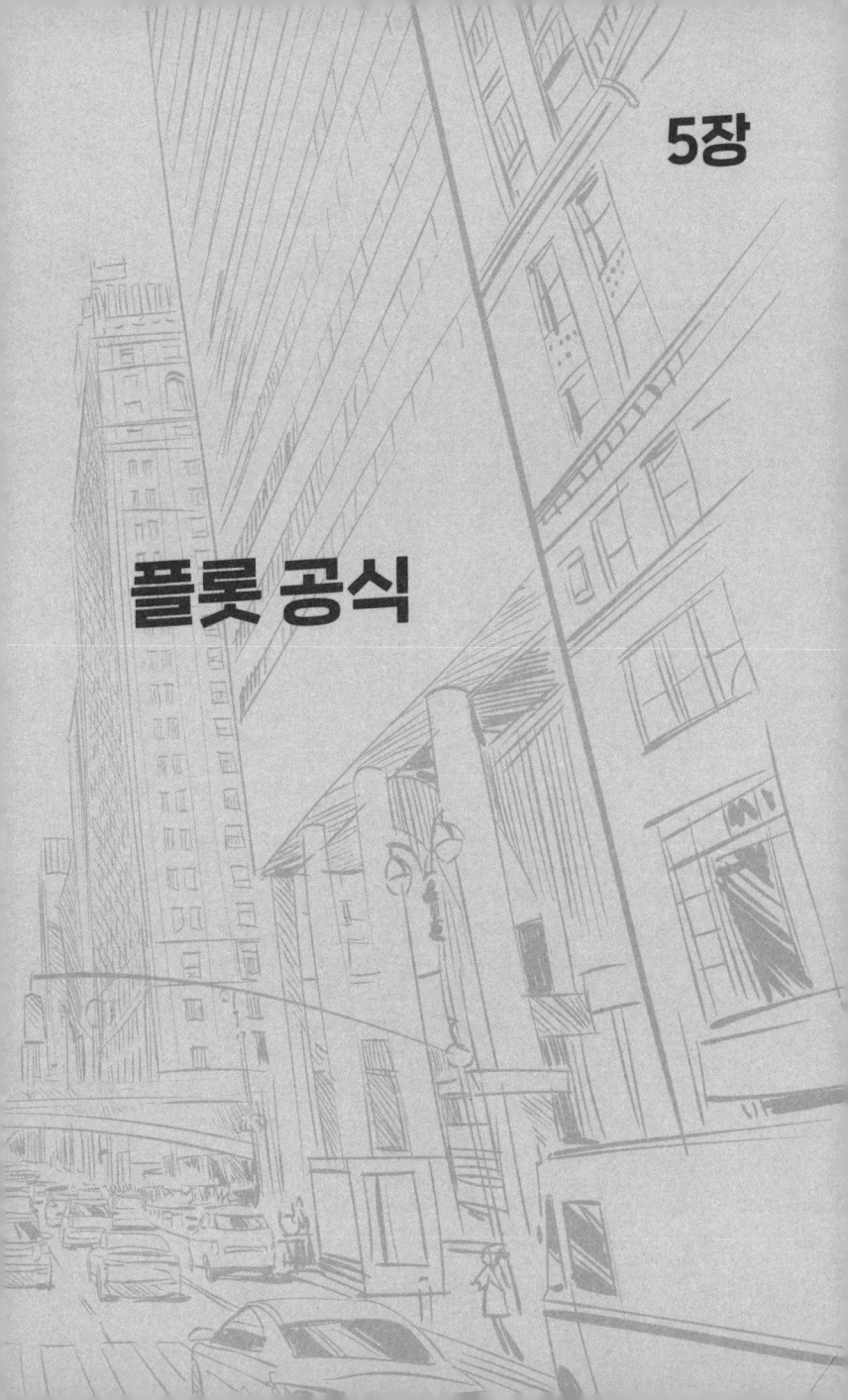

5장

플롯 공식

플롯 공식의
필요성

표준국어대사전에서 플롯이라는 단어를 검색하면 다음과 같은 내용이 나온다. "문학 작품에서 형상화를 위한 여러 요소들을 유기적으로 배열하거나 서술하는 일." 다시 말해 플롯이란 인물과 배경, 소재와 사건 등 이야기를 전개하는 데 필요한 요소들을 가장 재미있고 효과적인 형태로 배치하는 것이다. 따라서 MCU의 스토리텔링을 깊이 있게 이해하기 위해 MCU의 플롯을 연구하는 것은 당연한 수순일 것이다. 그러니 이 장에서는 MCU 작품들의 플롯이 어떤 공통된 요소와 구성을 갖고 있는지, 또 그 작품들이 기존에 통용되던 플롯 공식들과 슈퍼히어로 장르를 어떻게 조합해 독자적인 공식을 세우는 데 성공했는지 정리하고자 한다.

할리우드 상업 영화의 플롯 공식에 대해서는 훌륭한 선행연구가 많이 있다. 작법서를 한두 권 읽어본 사람이라면 블레이크 스나이더의 '3막 15장' 구조나 조셉 캠벨 Joseph Campbell의 '영웅의 여정 17단계' 이론 정도는 지나가면서 들어보기도 했을 터이다. 이런 플롯 공식들은 그저 이론에 국한되지 않고 무척이나 실전적인 결과물로 스스로를 증명하기도 했다.

할리우드 상업 영화는 획일화된 플롯 공식을 사용하고 있음에도 어떻게 이렇게 큰 감동과 재미를 전달하는 것일까? 그 이유는 이 플롯 공식들이 스토리를 가장 효율적으로, 또 효과적으로 전달하기 위한 논리적 절차이기 때문이다. 이는 할리우드의 시나리오 작가들이 오랜 실전을 통해 쌓아온 노하우의 집대성이기도 하다. 이론적인 측면에서건 경험적인 측면에서건, 플롯 공식은 실제로 존재하고 그 기능 또한 확실히 검증되었다.

이렇게 할리우드 상업 영화나 MCU에 정형화된 플롯 공식이 있다고 이야기하면 많은 사람들이 의심부터 하고 본다. 그리고 정형화된 플롯 공식은 창의력의 적이라 비판하며, 자신이 걸작이라 생각하는 작품들은 무언가 독창적이고 남다른 플롯을 갖고 있으리라 기대한다. 물론 모든 작품이 공식에 딱 맞아떨어지게 쓰이지는 않는다. 걸작 이상으로 평작이 있고, 평작 이상으로 졸작이 있는 것도 사실이다. 공식이 완성도를 보장하는 것도 아니며 공식에서 벗어나면 무조건 실패하는 것도 아니다.

하지만 그럼에도 정말 많은 작품이 정형화된 플롯 공

식을 따르거나 참조, 변주 혹은 개선해가며 만들어진 것 또한 사실이다. 특히 MCU의 플롯 공식은 무척이나 복잡하면서도 유려하고 섬세하게 짜여 있어 이렇게나 지속적인 흥행을 담보할 수 있었다.

아닌 게 아니라 MCU 같은 슈퍼히어로 장르의 작품들은 정형화된 플롯 공식과 합이 무척 좋다. 슈퍼히어로 장르는 기본적으로 현실과 유리된, 초능력과 마법처럼 비일상적인 소재를 핵심으로 삼는다. 그렇기에 일상적인 소재를 다루는 작품과 달리 세계관과 설정 같은 정보들을 추가적으로 전달해야 하는 과제가 부여된다. 이런 상황에서 정형화된 플롯 공식은 복잡한 정보들을 기능적으로 전달하는 검증된 도구다. 애초에 이 공식 자체가 스토리를 직관적으로 이해하기 좋게 설계된 틀이기 때문이다.[*]

이 책을 읽는 독자 중 초소형 핵융합 발전기를 발명해서 이를 부착한 기계 슈트를 입고 악당과 싸우는 억만장자가 있을까? 아니면 제2차세계대전에서 맹활약을 펼치

---

[*] 이는 반대로 일상적인 소재를 다루는 작품이라면 정형화된 플롯 공식에서 벗어나는 편이 흥미를 유발하기 좋다는 이야기이기도 하다.

다 빙하 속에 갇히고 몇 년 전에야 깨어난 군인이 있을까? 그것도 아니라면 외계의 행성에서 왕위를 물려받을 예정이었으나 오만한 성정 때문에 지구로 유배된 후계자가 있을까? 아쉽지만 비록 당신이 바로 그런 사람이더라도, 나는 내 책을 읽을 독자들 중 상당수는 그런 경험을 해보지 않은 사람들일 것이라 상정하고 써야 한다. 마찬가지로 당신의 이야기가 비일상을 일상으로 겪는 관객만을 위한 작품이 아니라면, 비일상이 좀 더 직관적으로 느껴지도록 효율적으로 묘사하고 전달할 필요가 있는 것이다.

아직 내 말을 믿지 못할 독자들이 많을 것이다. 그렇지 않더라도 반신반의하거나 실제 예시를 필요로 하는 경우도 적지 않을 것이다. 이 장에서는 MCU 인피니티 사가의 작품들 대부분에서 공통적으로 활용된 플롯 공식을 정리해보도록 하겠다. 물론 MCU의 후반 페이즈에서 발표된 작품들부터는 플롯 공식에 조금씩 변주가 들어가기 시작하나, 그 또한 기존의 플롯 공식을 중심에 놓고 필요와 상황에 따라 차별화하기 위한 전략이다.

슈퍼히어로
기원담으로서의
1편 만들기

당연한 이야기에서 출발해보자. MCU는 슈퍼히어로가 주인공인 작품을 다룬다. 그러므로 MCU의 플롯 공식은 슈퍼히어로가 활약하는 것을 목표로 설계되어야 한다. 좀 더 구체적으로 말하면 슈퍼히어로가 슈퍼파워로 활약하는 모습과 히어로로서 활동할 세계관, 이 두 가지의 핵심을 전달하기 위한 전략이 필요하다.

그 때문에 MCU에서 개별 히어로의 솔로 무비 1편, 그중에서도 기원담을 다룬 1편은 모두 성장담의 플롯을 띠고 있다.* 이는 이런 성장담의 플롯 공식이 관객들에게 MCU의 세계관을 전달하는 최적의 방식이기 때문이다. 1편에서 주인공은 관객들과 시선을 같이하는 인물이고, 그가 자신의 슈퍼파워를 이해하고 영웅으로 거듭나는 여정은 그 자체로 작품 속 설정과 세계관을 관객에게 안

---

* 〈가디언즈 오브 갤럭시〉나 〈블랙 팬서〉는 영웅의 기원담이 아니라 이미 자신의 역량을 이해하고 활동하는 영웅의 이야기이므로 이하의 내용에 해당되지 않는다.

내하는 과정이 된다.

토니 스타크가 아이언맨 슈트의 각 부위를 하나하나 디자인하는 장면이나 스콧 랭이 처음으로 앤트맨 슈트를 입고 개미처럼 작아지는 장면을 떠올려보라. 이렇게 갓 슈퍼파워를 얻어 그 능력을 이해하고 사용하는 방법을 배우는 과정은 주인공만을 위한 장면이 아니다. 관객들 또한 주인공이 슈퍼파워에 익숙해지는 장면을 보며 이 비일상적인 설정을 좀 더 친근하게 여기고 차근차근 이해할 수 있게 되는 것이다.

이러한 배움의 과정은 주인공의 슈퍼파워만이 아니라 세계관에 대한 정보까지 전달한다. 스티브 로저스가 슈퍼 솔져로 거듭난 뒤 하이드라라는 비밀결사에 대해 알게 되는 장면이나 닥터 스트레인지가 카마르타지에서 수련을 거듭하며 다크 디멘션의 진상을 알게 되는 과정 역시 주인공만을 위한 것이 아니라 관객들을 위해 설정을 설명하는 역할을 한다.

다양한 성장담의 플롯 공식 중에서 MCU가 자주 차용하는 공식은 바로 원부살해신화의 메타포다. 원부살해신화는 정신분석학의 창시자 지그문트 프로이트Sigmund Freud가 제시한 개념이다. 그는 그리스 신화에 등장하는 크로노스와 제우스의 이야기처럼, 세상의 모든 권력을 가진 아버지와 그 아버지를 시해하고 권력을 나눠 갖는 아들이 나오는 이야기가 인류 문화 곳곳에서 발견된다고 주장했다.

이 이론이 사실이건 아니건, 할리우드 시나리오 작가들은 원부살해신화의 스토리 구조를 실용적으로 활용하는 데 성공했다. 이 구조는 상징적 아버지와 그의 죽음에서 출발한다. 정당한 계승자인 주인공은 상징적 아버지가 남긴 유산을 물려받을 자격이 있으나, 부당한 계승자인 악당이 그 유산을 훔치지 못하도록 그와 맞서 싸워야하는 의무 또한 가진다. 이런 원부살해신화의 구조를 차용한 대표적인 작품으로는 〈햄릿〉과 〈라이온킹〉 그리고 〈스파이더맨〉(2002)이 있다.

〈라이온킹〉에서 사자들의 왕 무파사는 동생 스카에 의해 살해당하고 스카는 부당하게 왕위를 계승한다. 무파사의 아들 심바는 부당하게 왕권을 계승했을 뿐 아니라 그 권력을 악용하기까지 하는 스카에게 무파사의 정당한 계승자로서 맞선다. 이런 플롯 구조의 이야기가 인류 문화권 곳곳에서 발견되는 이유는 간단하다. 원부살해신화는 후속 세대가 성장해 기성 세대의 자리를 이어받는 과정을 고스란히 담고 있기 때문이다.

어린아이는 시간이 흐르면서 어른으로 성장함과 동시에 자신의 양육자가 어른에서 노인으로 노쇠하는 과정을 지켜본다. 이 과정에서 어린아이는 자신이 어떤 어른으로 성장할지 선택하게 된다. 어른이 되면서 얻은 힘을 자신만을 위해 쓴다면 악인이 되고, 남들을 위해 쓴다면 선인이 되는 것이다.

이는 생명의 탄생과 사멸에 이르는 과정에서, 문명사회의 공동체 내부에서 자연스레 일어나는 보편적인 수순이다. 그렇기에 지그문트 프로이트의 원부살해신화 구조와 〈라이온킹〉의 플롯 공식은 많은 문화권에서 거부감 없이 받아들여질 수 있었다. MCU가 인피니티 사가 초반에 나온 개별 히어로의 솔로 무비 1편 대부분에 이 원부살해신화 구조를 차용한 이유도 이와 같다.

〈아이언맨〉에서 상징적 아버지 역할을 하는 하워드 스타크는 군수산업체 스타크인더스트리의 창시자이자 아크 원자로 기술의 발명가다. 부당한 계승자 오베디아 스탠은 정당한 계승자 토니 스타크를 암살함으로써 스타크인더스트리와 아크 원자로 기술을 독점하려 한다. 〈퍼스트 어벤져〉에서 상징적 아버지 역할을 하는 에이브러햄 어스킨은 슈퍼 솔져 혈청의 발명가다. 부당한 계승자 레드 스컬은 정당한 계승자 스티브 로저스를 죽이고 세계 유일의 슈퍼 솔져가 되고자 한다. 〈토르: 천둥의 신〉에서 상징적 아버지 역할을 하는 오딘은 아스가르드의 왕이다. 부당한 계승자 로키는 정당한 계승자 토르를 속여 아스가르드의 왕좌를 훔치고자 한다. 〈앤트맨〉에서 상징적 아버지 역할을 하는 행크 핌은 핌 입자의 발명가다. 부당한 계승자 대런 크로스는 핌 입자를 하이드라에 판매하고 정당한 계승자 스콧 랭을 죽이려고 한다. 어떤가? 모든 이야기가 원부살해신화 구조를 그대로 유지하면서 인물과 배경만 바꾸고 있지 않은가?

MCU에서 슈퍼히어로 기원담으로서의 1편에 해당하는 작품은 〈아이언맨〉, 〈퍼스트 어벤져〉, 〈토르: 천둥의 신〉, 〈앤트맨〉, 〈닥터 스트레인지〉까지 다섯 편을 꼽을 수 있다. 각 작품의 3막*이 어떤 내용으로 구성되어 있는지 분석해 보면 다음과 같은 공통점을 찾을 수 있다.

---

* 시나리오 작법에서 널리 쓰이는 이론인 시나리오 3막 구조에 따르면 보편적인 이야기는 세 부분으로 나뉜다. 120분짜리 영화를 기준으로 처음 30분은 1막으로 이야기의 기본적인 설정을 보여주고 사건이 시작되며, 중간 60분은 2막으로 본격적인 사건과 갈등이 전개되고, 마지막 30분은 3막으로 갈등이 해결되고 상황이 종결된다.

1막

1막에서는 주인공을 보여주는 만큼이나 상징적 아버지와 그의 유산이 무엇인지를 알려준다. 상징적 아버지는 작품의 세계관을 보여주고, 그가 주인공에게 물려줄 유산은 주인공의 슈퍼파워와 연관된다. 〈토르: 천둥의 신〉의 1막에서 토르가 누구인지 묘사하는 것만큼이나 오딘과 아스가르드와 묠니르에 대해 보여줬던 것처럼 말이다.

여기서 상징적 아버지는 반드시 성별이 남성이거나 주인공과 혈연 관계일 필요는 없다. 〈닥터 스트레인지〉에서 닥터 스트레인지의 스승인 에인션트 원이 여성이었던 것처럼 말이다. 또 〈아이언맨〉에서 하워드 스타크와 호 잉센 모두가 토니 스타크에게 아크 원자로 기술이라는 유산을 물려주고 그의 가치관에 지대한 영향을 미친 것처럼, 필요에 따라 여러 인물이 상징적 아버지의 기능을 나눠서 수행할 수도 있다.

만약 주인공을 좀 더 결연한 영웅으로 만들고자 할 경우, 상징적 아버지는 주인공에게 빚을 지우고 퇴장하기도 한다. 〈퍼스트 어벤져〉에서 에이브러햄 어스킨이 부당한 계승자인 레드 스컬의 부하에게 살해당한 경우나,

〈아이언맨〉에서 토니 스타크에게 정신적으로 큰 깨달음을 주었던 과학자 호 잉센이 테러조직에서 토니 스타크를 탈출시키기 위해 스스로를 희생한 경우가 이에 해당한다. 이 사건들을 계기로 스티브 로저스와 토니 스타크는 영웅이 되기 위해 강박적으로 행동하게 된다.

상징적 아버지의 희생 없이 1막이 정리되는 작품들도 있다. 그 경우에는 주인공이 슈퍼히어로 활동을 시작하기에 앞서 자기 자신의 이득을 위해 행동하는 모습을 보여준다. 〈토르: 천둥의 신〉에서 토르는 박탈당한 자신의 슈퍼파워와 묠니르를 되찾기로 다짐하고, 〈닥터 스트레인지〉에서 닥터 스트레인지는 자신의 손을 고치기 위해 카마르타지로 찾아갔으며, 〈앤트맨〉에서 스콧 랭은 딸을 만나기 위해 도둑질을 하기로 결심한다. 모두 영웅다운 모습은 아니나, 관객들은 이들이 앞으로 펼쳐질 모험을 통해 슈퍼히어로로 성장하리라 기대하게 된다.

상징적 아버지가 퇴장하건 퇴장하지 않건, 대부분의 경우 1막은 주인공이 상징적 아버지와의 이별 혹은 만남을 계기로 슈퍼파워를 얻고 끝이 난다. 동시에 빌런은 주인공이 얻은 힘을 독점하기 위한 야심을 키워나간다.

2막 전반부

주인공은 2막의 시작과 함께 자신이 갓 얻은 슈퍼파워를 자유자재로 쓰고자 노력을 기울인다. 이러한 노력에는 두 가지 방향이 있다. 하나는 토니 스타크가 아이언맨 슈트를 업그레이드하고 스콧 랭이 앤트맨 슈트 활용법을 훈련하며 닥터 스트레인지가 카마르타지의 마법을 공부했던 것처럼 슈퍼파워를 능숙하게 쓰려는 노력이다. 다른 하나는 채권 판매용 연극 출연에서 벗어나고자 했던 스티브 로저스나 쉴드로부터 묠니르를 되찾고자 했던 토르처럼 슈퍼파워를 마음껏 쓸 수 있는 상황을 만들려는 노력이다.

이 과정에서 관객들은 주인공이 슈퍼파워를 처음 얻고 미숙하게 움직이는 모습을 보며 재미를 느낀다. 〈아이언맨〉의 감독 존 파브로 Jon Favreau 는 주인공이 슈퍼히어로로 거듭나는 장면의 중요성을 설파하며, 〈스파이더맨〉(2002)에서도 거미줄을 연습하는 장면이 매력적이었음을 지적했다. 이런 훈련 장면들은 토니 스타크가 아이언맨 슈트를 업그레이드하는 과정에서 조수 로봇 더미가 쏜 소화 분말을 뒤집어쓰거나, 스콧 랭이 앤트맨 슈트 활용법을 익히다 작아져야 할 타이밍을 맞추지 못해 문에 부딪히는 모습처럼 슬랩스틱적인 웃음을 유발하기도 한다.

그런데 실은 이 웃음에는 더 많은 효과가 숨겨져 있다. 관객들은 주인공의 허당 같은 모습을 보며 그의 슈퍼파워가 어떤 원리로 작동하는지를 이해하게 된다. 또한 주인공이 능숙하게 슈퍼파워를 사용하는 모습을 상상하며 언젠가는 그런 순간이 나오리란 기대감을 키워나간다.

무엇보다 올바른 일을 위해 어떤 고생도 감내하는 모습은 그 자체로 뭉클한 감동을 준다. 존 파브로는 〈아이언맨〉의 코멘터리 영상에서 슈트를 조정하다 벽에 부딪힌 토니 스타크를 보며 "저 친구가 좋아요. 남을 구하려다, 또는 옳은 일을 하려다 죽을 것 같으니까요"라고 말했는데, 이는 토니 스타크의 미래와도 연결되는 일종의 예언이었던 셈이다.

스토리가 진행되며 주인공은 몇 가지 계기를 통해 슈퍼파워를 자유자재로 다루는 데 성공한다. 동시에 그가 슈퍼히어로로 완성되었음을 상징하는 아이템을 갖게 되기도 한다. 토니 스타크의 새로운 아크 원자로나 스티브 로저스의 비브라늄 방패, 닥터 스트레인지의 아가모토의 눈과 같은 도구들이 바로 그것이다.

2막 전반부의 마지막 혹은 중간점*에서 주인공은 슈퍼파워를 멋들어지게 보여주고 자신의 성장을 증명하는 데 성공한다. 스콧 랭이 어벤져스 기지에 잠입해 행크 핌의 발명품을 훔쳐내고 스티브 로저스가 전우 버키 반즈를 구출한 것처럼 말이다. 이런 장면은 마치 게임의 중간 보스와도 같아, 작은 달성감과 함께 이후 클라이막스에서 있을 최종 보스와의 전투를 기대하게 만든다.**

2막 후반부

2막 후반부의 시작에서는 빌런의 음모가 본격적으로 진행된다. 빌런의 목표가 주인공이 가진 상징적 아버지의 유산을 빼앗거나 독점해 이기적인 목표로 사용하는 것이라는 사실 또한 밝혀진다. 이런 빌런의 존재는 슈퍼파워를 얻고 올바르게 사용하려는 주인공의 모습과 대비되어 빌런은 더욱 악하게, 주인공은 더욱 선하게 느껴지

---

* 중간점midpoint. 시나리오 3막 구조에서 전체 이야기의 중간 지점에 위치하는 중요한 사건. 이를 기준으로 2막의 전반부와 후반부가 나뉘며 커다란 국면의 전환이 일어난다.

** 다만 예외적으로 토르는 쉴드 요원들을 제압하고 폴니가 놓은 곳에 찾아가는 것에는 성공하지만 아직 이를 들지는 못한다. 토르는 다른 주인공들에 비해 성숙해질 시간이 더 필요했기 때문이다.

게 만든다.

만약 1막에서 상징적 아버지가 죽지 않았다면 그는 여기에서 무력화되거나 죽어버리고는 한다. 〈앤트맨〉에서 행크 핌이 총격을 당하고 〈닥터 스트레인지〉에서 에인션트 원이 빌런 케실리우스와의 싸움에서 죽음을 맞이한 것처럼 말이다. 이러한 장면은 주인공의 정신적 지주이자 멘토인 상징적 아버지가 쓰러지며 긴장감을 고양시키고 사태의 위험성을 강조하는 역할을 한다.

이제 주인공은 상징적 아버지의 뒤를 이어 빌런의 목표를 막고자 한다. 〈닥터 스트레인지〉를 제외한 다른 영화들에서는 주인공과 빌런의 능력 차이가 그렇게 크지 않으나, 빌런들은 〈앤트맨〉의 대런 크로스처럼 인질을 잡거나 〈아이언맨〉의 오베디아 스탠처럼 암살을 시도하는 식의 비겁하고 사악한 함정으로 주인공을 궁지에 몰아간다. 결국 주인공은 절체절명의 위기에 빠지고 만다.

3막

주인공은 악을 이기기 위해 결단을 내려야 한다. 바로 빌런은 결코 선택할 수 없는 길, 자기희생이다. 슈퍼히어로와 빌런의 가장 큰 차이는 여기에 있다. 사랑하는 사람을 위해 자신을 희생하느냐, 남을 희생시키느냐. 이 차이가 둘의 승패를 가르는 결정적인 요인이다. 당연한 말이지만 MCU는 슈퍼히어로의 이야기이기에, 슈퍼히어로가 자신을 희생하는 것으로 빌런으로부터 승리하며 결말이 맺어진다.

자신만 알던 토니 스타크는 다른 사람들을 구하기 위해 아크 원자로를 폭발시키고, 나라를 지키기 위해 전장에 나섰던 스티브 로저스는 뉴욕을 폭격하려는 전투기를 막기 위해 기체와 함께 북극으로 추락했으며, 딸의 행복한 미래를 위해 뭐든지 하겠다던 스콧 랭은 대런 크로스에게 딸을 구하기 위해 목숨을 걸고 자신을 소형화한다. 특히 1편에서 이 자기희생은 주인공이 슈퍼히어로로 성장하는 과정이 완성되었음을 보여주는 장치이기도 하다. 이는 많은 경우, 주인공이 상징적 아버지와 동일시를 이루는 데 성공하는 순간이자 자신이 그의 정당한 계승자임을 증명하는 일이기 때문이다.

물론 시리즈의 1편에서 주인공이 희생 끝에 목숨을 잃은 채로 이야기가 끝나서는 안 된다. 그래서야 속편이 나올 수도, 〈어벤져스〉 같은 팀업 무비가 나올 수도 없으니 말이다. 이를 위한 해법으로 MCU는 다른 많은 할리우드 영화와 마찬가지로 성서 속 모티프를 활용한다. 자기 희생을 마친 주인공이 곧 부활하는 것이다. 이 과정은 상징적 아버지에게 진 빚을 갚고 새로운 나로 다시 태어난다는 의미 또한 담고 있다.

 ## 소포모어 징크스에서 벗어나는 2편 만들기

영화계에서는 전편의 성공에 힘입어 나온 속편이 흥행이나 비평 면에서 기대 이하의 결과를 거두는 경우를 심심찮게 볼 수 있는데, 이런 현상을 소포모어 징크스라고 한다. MCU 역시 이 징크스에서 벗어나지 못한 2편이 적지 않다. 성공적인 속편을 만들기란 무척이나 어려운 일이다. 1편을 보고 기대치가 한껏 올라간 상황에서 2편은 그 이상의 완성도를 보여줘야 겨우 본전이니 말이다.

그럼에도 우리는 MCU와 할리우드 상업 영화에서 소포모어 징크스를 깬, 성공적인 속편의 교본을 적잖이 가지고 있다. 그리고 이 교본들은 모두 중요한 공통점을 하나 갖고 있다. 그것은 바로 이 속편들이 전편을 안이하게 반복하지 않았다는 것이다.

앞서 슈퍼히어로 기원담으로서의 1편을 만들기 위한 플롯 공식을 정리하며, 1편은 슈퍼히어로가 슈퍼파워로 활약하는 모습과 히어로로서 활동할 세계관, 이 두 가지의 핵심을 전달하기 위한 전략이 필요하다는 점을 강조했다. 이러한 설명을 2편에서 한 번 더 반복해봤자 지루하기만 할 뿐이다. 그렇기에 성공적인 2편을 만들기 위한 전략은 1편의 전략을 넘어서서 그 다음 단계의 이야기를 목표로 설계해야 한다.

소포모어 징크스에서 벗어나는 2편을 만들기 위한 전략은 바로 1편을 역전시키는 것이다. 아군은 적군이 되고 적군은 아군이 되어야 한다. 천국은 지옥이 되고 지옥은 천국이 되어야 한다. 그래야만 작품 속 세계관이 입체적으로 발전한다.

입체적이라는 표현은 달리 말하면 한 방향의 시선만으로는 전체 상을 파악할 수 없다는 이야기이기도 하다. 2편이 1편의 반복에 그치지 않고 더 깊은 이야기를 하기 위해서는 1편과는 다른 방향의 시선에서 작품 속 세계관을 바라봐야 한다. 그 때문에 소포모어 징크스에서 벗어날 정도로 잘 만들어진 2편은 항상 논쟁을 불러일으킨다. 관객들이 1편을 보고 기대했던 요소들을 가장 저주스러운 방식으로, 동시에 그럼에도 매혹적인 형태로 제공하니 말이다.

비록 MCU의 작품은 아니나, 이렇게 1편의 요소를 역전시키는 것으로 소포모어 징크스에서 벗어난 2편의 대명사로는 〈스타워즈: 새로운 희망〉의 속편 〈스타워즈: 제국의 역습〉과 〈터미네이터〉의 속편 〈터미네이터 2: 심판의 날〉이 있다. 실제로 이 두 작품은 속편을 기획하는 사람들이 꼭 참조하는 작품이며, 특히 〈스타워즈: 제국의 역습〉은 MCU의 코멘터리 영상에서도 자주 모범 답안으로 꼽힌다.

〈스타워즈: 제국의 역습〉에서 주인공 루크 스카이워커는 충격적인 상황을 반복해서 마주한다. 선하다고만 생각했던 제다이 기사단에는 깊은 어둠이 있었고, 악하다고만 생각했던 1편의 빌런 다스베이더는 제다이 기사단의 타락한 영웅이자 자신의 아버지, 아나킨 스카이워커였다는 사실이 밝혀진 것이다. 루크 스카이워커 본인 역시 1편에서는 제국군 최강의 무기 데스스타를 부수고 영광스러운 승리를 쟁취했던 반면, 2편에서는 다스베이더에게 패배하고 한쪽 팔이 잘린 채 간신히 도망치고 만다.

〈터미네이터 2: 심판의 날〉에서 주인공의 어머니 사라 코너 또한 마찬가지다. 1편에서 자신과 아들을 살해하고자 미래에서 찾아왔던 살인병기 T-800이 2편에서는 그의 가장 든든한 아군이자 수호자가 된 것이다. 사라 코너 본인도 전편에서 평범한 소시민의 모습을 보여줬던 것과 달리 속편에서는 용감하고 기민한 전사의 모습을 보여준다.

〈스타워즈: 제국의 역습〉이나 〈터미네이터 2: 심판의 날〉은 이렇게 전작의 수많은 요소들을 역전시켜 보여줌으로써 이야기에 입체성을 부여하고 세계관에 깊이를 더할 수 있었다. 이러한 역전은 이전과는 완전히 다른 시선에서 작품의 핵심 설정들을 되돌아보게 만들고, 이는 곧 다양한 가능성에 대한 상상과 고민으로 이어지기 때문이다.

그렇다면 슈퍼히어로 기원담으로서의 1편을 어떻게 역전시켜야 소포모어 징크스에서 벗어나는 2편을 만들기 위한 플롯 공식을 정립할 수 있을까? MCU가 이에 대한 교본으로 삼은 작품은 역시 〈스타워즈: 제국의 역습〉이었음이 분명하다. 이 작품에서는 전편에서 루크 스카이워커에게 스승과 같은 역할을 했던 오비완 캐노비는 부자간의 골육상쟁을 유도하는 음모를 꾸민 책략가임이 밝혀지고, 단순한 악당으로만 여겨졌던 다스베이더는 루크 스카이워커의 생물학적 아버지라는 사실이 밝혀진다.

MCU에서 2편을 만들기 위한 전략도 〈스타워즈: 제국의 역습〉과 동일하다. 〈스타워즈: 새로운 희망〉과 마찬가지로 슈퍼히어로 기원담으로서의 1편은 원부살해신화에 기반하여 상징적 아버지, 정당한 상속자, 부당한 상속자의 삼자 구도를 중심으로 삼고 있으니, 오비완 캐노비와 다스베이더가 그러했듯이 이 인물들의 역할을 역전시키는 것이다. 〈아이언맨 2〉에서 토니 스타크는 하워드 스타크가 아크 원자로 기술을 함께 연구했던 물리학자 안톤 반코를 러시아로 추방했다는 사실을 알게 되고, 〈캡틴 아메리카: 윈터 솔져〉에서 스티브 로저스는 쉴드가 하이드라에 잠식됐음을 알게 되며,* 〈가디언즈 오브

---

* 앞서 스티브 로저스의 상징적 아버지를 에이브러햄 어스킨이라고 설명했지만, 더 정확히 말하자면 그가 계승하는 진정한 상징적 아버지는 위대하고 자유로운 미국 그 자체라고 볼 수 있다. 제2차세계대전 때 미국이 창설한 '전략적 과학보호기구'의 후신인 쉴드는 그러한 미국의 정신을 수호하는 집단으로 그려져왔으나, 이 영화는 쉴드가 사람들의 자유를 빼앗고 통

갤럭시 VOL. 2〉에서 피터 퀼은 자신의 아버지 에고가 어머니를 암에 걸려 죽게 했다는 진상을 알게 된다.

이러한 역전은 곧 상징적 아버지의 권위는 물론이거니와 주인공이 그로부터 받은 자격과 유산에 대한 정당성까지 의심하게 한다. 상징적 아버지나 그의 유산이 감추고 있던 악하거나 약한 면이 드러나고, 주인공의 정당한 상속자로서의 지위가 위협받는 것이다.

MCU가 2편의 빌런을 과거로부터 찾아온 복수자로 설정하는 것 또한 마찬가지의 이유다. 주인공이 빌런과 맞서 싸우는 것은 곧 상징적 아버지와 그의 유산이 감추고 있던 어두운 면과 대면하는 과정이기도 하기 때문이다.

MCU에서 소포모어 징크스에서 벗어나는 2편에 해당하는 작품은 〈아이언맨 2〉, 〈캡틴 아메리카: 윈터 솔저〉, 〈토르: 다크 월드〉, 〈앤트맨과 와스프〉, 〈가디언즈 오브 갤럭시 VOL. 2〉, 〈블랙 팬서〉*까지 여섯 편을 꼽을 수 있

제하려는 하이드라에 잠식된 전개를 그리며 미국이 위대한 세대의 정신을 이어가는 데 실패한 상황을 다룬다.

* 〈블랙 팬서〉는 개별 히어로의 솔로 무비 1편이나, 그의 슈퍼히어로 기원담으로서의 여정은 〈캡틴 아메리카: 시빌 워〉에서 완성되었기에, 소포모어 징크스에서 벗어나는 2편의 공식을 1편에 적용해야 했다.

다. 각 작품의 3막이 어떤 내용으로 구성되어 있는지 분석해보면 다음과 같은 공통점을 찾을 수 있다.

1막

1막에서는 주인공이 히어로가 된 이후의 일상을 보여준다. 그는 1편에서 대활약을 펼친 이후 만인의 관심을 받게 되었으나, 그런 히어로로서의 모험은 곧 개인으로서의 일상을 침범하는 일이다. 그렇기에 주인공은 1막에서 히어로로 활동하는 동시에 내면의 문제로 고통받는다.

2편은 주인공에게 히어로로 활약하라는 미션뿐 아니라 개인으로서의 행복을 달성하라는 미션까지 부여한다. 이제 그는 모험과 일상 사이의 균형을 찾아야 한다. 〈아이어맨 2〉의 1막에서 팔라듐 중독과 정부의 압박, 경영에 대한 부담으로 고통받던 토니 스타크처럼 말이다.

심지어 1편에서 주인공이 상징적 아버지로부터 얻은 유산, 즉 상징물이 2편에서는 그의 발목을 잡는 족쇄가 되기도 한다. 토니 스타크의 아크 원자로는 〈아이언맨 2〉에서 팔라듐 중독을 일으킨다는 점이 밝혀지고 스콧 랭의 앤트맨 슈트는 〈앤트맨과 와스프〉에서 범죄 도구의 증거로 치부된다. 이들의 일상을 좀먹고 병들게 하는 양날의 검으로 작동하는 것이다.

2편의 1막에서는 빌런 또한 중요하게 다뤄진다. 경우에 따라 이 빌런은 단순한 악당이 아니라 상징적 아버지와 관련한 중대한 과거사를 감추고 있다는 암시가 나온다. 이 암시는 빌런이 정당한 상속자라는 주인공의 자격에 위협이 되는 존재이며 과거에 대해 복수하려 한다는 내용을 담고 있기도 하다. 여기서 과거로부터 찾아 온 복수자인 빌런은 〈아이언맨 2〉의 이반 반코나 〈블랙 팬서〉의 에릭 킬몽거처럼 상징적 아버지의 정당성에 이의를 제기하며 주인공이 가진 모든 것을 빼앗고자 한다.

만약 2편 중에서도 사이드킥이 중요한 역할을 하는 작품이라면, 1막에서 사이드킥의 등장과 그가 가진 잠재력을 보여주는 장면도 등장한다. 〈캡틴 아메리카: 윈터 솔져〉는 조깅 중이던 샘 윌슨과 스티브 로저스가 통성명을 하며 출발하고, 〈토르: 다크 월드〉에서는 로키의 캐릭디를 좀 더 깊게 설명해주는 장면이 나온다. 이런 사이드킥 캐릭터의 등장은 관객들에게 1편과는 다른 형태의 액션 장면을 기대하게 만드는 동시에, 주인공의 인간관계가 더 발전하고 복잡해졌음을 설명한다는 점에서 무척이나 기능적이다.

2막 전반부

2막 전반부에서 주인공은 슈퍼히어로로 활동하다 실패하거나 곤경에 처한다. 이 실패로 인해 주인공은 동료가 큰 부상을 입고 쓰러지거나 목숨을 잃는 모습을 지켜봐야 한다. 이는 슈퍼히어로로서의 모험과 개인으로서의 일상 양측에 커다란 충격으로 다가온다. 〈토르: 다크 월드〉에서 토르는 아스가르드가 침공당했을 때 어머니 프리가를 지키지 못한다. 〈캡틴 아메리카: 윈터 솔져〉에서 스티브 로저스는 쉴드의 국장 닉 퓨리가 암살당한 와중에 쉴드 내부의 하이드라 요원들에게 공격받고 도주를 시작한다. 〈블랙 팬서〉에서 티찰라는 율리시스 클로를 붙잡았다 에릭 킬몽거의 습격으로 놓치고 만다. 〈아이언맨 2〉에서 토니 스타크는 이반 반코의 습격에도 그를 잡아넣는 데 성공했으나 자신만이 아크 원자로 기술을 독점할 수 있는 게 아니라는 위협과 마주한다.

주인공이 2막 전반부에서 겪어야 하는 충격은 단순히 임무 실패에서 오는 자책감에 그치지 않는다. 빌런의 등장으로 인해 이제까지 그를 영웅으로 있게 해주고 또 그의 지향점이 되어주었던 상징적 아버지의 권위에 문제가 대두되기 때문이다.

빌런의 존재는 그 자체로 주인공에게 큰 위협이 된다. 주인공이 강한 슈퍼파워를 갖고 있을수록, 주인공을 궁지로 몰고 가는 빌런의 위압감은 강하게 느껴진다. 또한 빌런은 주인공과 비슷하거나 동일한 상징물을 갖고서 주인공의 정체성에 질문을 던지기도 한다. 〈블랙 팬서〉의 에릭 킬몽거는 와칸다 왕가에 전해지는 장신구를 갖고 있었고 〈아이언맨 2〉의 이반 반코는 아크 원자로를 자신만의 방법으로 발명했으며, 이로 인해 티찰라와 토니 스타크는 스스로의 정당성에 의구심을 품게 된다.

2막 후반부

2막 후반부에서 주인공은 패배를 복기한다. 주인공은 그 과정에서 두 가지 종류의 답을 꺼낸다. 하나는 〈캡틴 아메리카: 윈터 솔져〉나 〈블랙 팬서〉와 마찬가지로 과거에서 온 복수자가 상징적 아버지에 대해 던진 의문을 인정하고 그를 일정 부분 수용하는 경우며, 다른 하나는 〈아이언맨 2〉처럼 과거에서 온 복수자가 상징적 아버지에 대해 던진 의문 자체에 문제가 있었다는 진상을 밝혀내는 것으로 상징적 아버지의 권위를 유지하는 경우다.

이때 주인공은 상징적 아버지와 그가 남긴 유산, 그리

고 상징물을 다시 마주할 수도 있다. 토니 스타크는 〈아이언맨 2〉에서 하워드 스타크의 영상 자료를 살피며 신형 아크 원자로 기술을 개발한다. 티찰라는 〈블랙 팬서〉에서 환영을 통해 아버지를 힐난하며 그가 저지른 과오를 극복하겠다고 선언한다. 스티브 로저스는 〈캡틴 아메리카: 윈터 솔져〉에서 최종 결전을 앞두고 박물관의 유품으로나 여겨지던 자신의 옛 코스튬을 훔쳐 온다.

이 과정에서 사이드킥은 주인공에게 든든한 지지대가 되어준다. 〈토르: 다크 월드〉의 로키, 〈캡틴 아메리카: 윈터 솔져〉의 팔콘, 〈블랙 팬서〉의 음바쿠는 단순한 조력자 이상의 역할을 맡는다. 이들은 주인공이 상징적 아버지와 별개의 인물로 성장했음을 보증한다. 주인공이 상징적 아버지와 같은 기성 세대만이 아니라 사이드킥과 같은 현재 혹은 미래의 세대에게서도 지지를 받는다는 증거라고도 할 수 있을 것이다.

주인공이 패배를 복기하는 사이, 빌런은 과거에서 온 복수자로서 자신의 야망을 하나하나 실현해나간다. 빌런은 그가 상징적 아버지의 정당성에 문제를 제기했음에도 불구하고, 혹은 그랬기 때문에 상징적 아버지보다 더 큰 악행을 준비한다. 이는 빌런이 주인공과 다시 맞대

결을 펼쳐야 하는 이유이기도 하다.

3막

3막에서 주인공은 이제 빌런과 다시금 최종 결전을 준비한다. 슈퍼히어로 영화인 만큼 주인공과 빌런의 싸움에서 승자는 당연히 주인공이다. 또한 이 싸움이 과거에서 온 복수자가 상징적 아버지의 정당성에 의문을 제기하며 출발한 것인 만큼, 주인공이 대결에서 승리한 다음 빌런이 가진 원한을 풀어주거나 상처를 치유해주는 형태로 이야기가 마무리되기도 한다.

〈앤트맨과 와스프〉에서 1대 와스프였던 재닛 밴 다인은 양자 영역에서 얻은 능력으로 이 작품의 빌런이었던 고스트를 치유해준다. 〈블랙 팬서〉에서 티찰라는 흑인들이 모여 사는 에릭 킬몽거의 고향으로 가 국제구호센터의 실립을 준비하고, 와칸다 또한 방관자로 머무르지 않고 국제 정세에 적극 개입하기로 선언한다. 이는 그들의 전쟁이 단순한 악당과의 싸움이 아니라 슈퍼히어로로서의 정당성을 회복해야만 끝나는 성질의 전쟁이었기 때문이다.

2편의 결말에서 주인공은 간신히 슈퍼히어로로서의

모험과 개인으로서의 일상 사이의 균형을 되찾는 데 성공한다. 또한 그가 간절히 바라던 사랑이 이루어지기도 한다. 토니 스타크는 〈아이언맨 2〉의 결말에서 간신히 페퍼 포츠와 입을 맞추는 데 성공하고, 스콧 랭 또한 〈앤트맨과 와스프〉의 결말에서 범죄자 신분을 벗어나 딸과 오붓한 한때를 보낸다.

MCU의 주인공들은 2편에서 상징적 아버지에게서 받은 유산 몇 가지를 포기하기도 한다. 토니 스타크는 〈아이언맨 2〉에서 스타크인더스트리의 경영권을 페퍼 포츠에게 넘겨주었고, 스티브 로저스는 〈캡틴 아메리카: 윈터 솔져〉에서 쉴드를 해체한 뒤 버키 반즈를 찾아 떠났으며, 토르는 〈토르: 다크 월드〉에서 왕좌를 포기하고 지구로 내려간다. 이제 그들은 상징적 아버지에게 유산을 물려받은 정당한 상속자라는 굴레에서 조금은 자유로워져 한 개인으로서 성장한 것이다.

시리즈를 매듭짓는 완결편으로서의 3편 만들기

많은 프랜차이즈의 작품이 3부작이라는 이름으로 묶이는 것은 사실이다. MCU에서도 이는 비슷하게 적용되어서, 인피니티 사가로 한정할 경우 개별 히어로의 솔로 무비는 대부분 3편으로 마무리가 되었다. 물론 〈토르〉 시리즈는 〈토르: 라그나로크〉의 뒤를 이어 〈토르: 러브 앤 썬더〉가, 〈스파이더맨〉 시리즈는 〈스파이더맨: 노 웨이 홈〉 이후 속편이 나올 것이라는 소식이 있기는 하지만, 이런 경우에도 세 번째 작품에서 시리즈의 매듭을 짓고 다음으로 넘어간다.

아쉽게도 이렇게 시리즈를 매듭짓는 완결편으로서의 3편은 아직 분식할 만한 작품이 직다. 특히 인피니티 사가로 한정할 경우 〈아이언맨 3〉, 〈캡틴 아메리카: 시빌 워〉, 〈토르: 라그나로크〉 외에는 3편까지 나온 개별 히어로의 솔로 무비는 존재하지 않는다.

여기서는 섣부른 분석을 피하기 위해 멀티버스 사가에 속하는 〈앤트맨과 와스프: 퀀텀매니아〉, 〈가디언즈 오

브 갤럭시: Volume 3〉, 〈스파이더맨: 노 웨이 홈〉은 다루지 않았다. 다만 〈앤트맨과 와스프: 퀀텀매니아〉는 차치하더라도 〈가디언즈 오브 갤럭시: Volume 3〉나 〈스파이더맨: 노 웨이 홈〉은 여기서 분석한 플롯 공식과 어느 정도 비슷하게 전개된다.

MCU의 시리즈 가운데 완결편으로서의 3편이 많지는 않으나, 이미 나온 3편들의 공통점은 명확하다. 주인공은 상징적 아버지에게서 완전히 벗어나 한 명의 개인으로서 성장을 완수한다. 빌런 또한 주인공이 상징적 아버지와 무관하게 자기 자신으로 성장하도록 강제하는 통과물로서 작동한다. 그리고 이 과정에서 상징적 아버지의 유산인 상징물은 파괴되거나 사라진다. 토니 스타크는 〈아이언맨 3〉의 마지막에서 '새 출발 프로토콜'을 발동해 수십 대의 아이언맨 슈트를 폭발시키고 가슴에 부착했던 슈트 구동용 아크 원자로를 떼어내 바다에 던져버린다. 스티브 로저스는 〈캡틴 아메리카: 시빌 워〉의 결말에서 비브라늄 방패를 내려놓고 도망자 신세가 된다. 토르는 〈토르: 라그나로크〉에서 오딘이 물려준 묠니르를 잃었을 뿐 아니라 아스가르드마저 무너뜨려야 했다.

1막

1막은 주인공이 그간의 활동으로 인해 외상후스트레스장애(PTSD)나 그에 준하는 상태에 빠졌음을 보여주며 출발한다. 비록 1편과 2편에서 자신이 마주한 문제를 내적으로 극복하고 성장하는 데 성공했지만, 그로 인해 일어난 상황이나 MCU의 세계관 내에서 일어난 사건들로 인해 해소하지 못한 문제가 여전히 남아 있기 때문이다. 토니 스타크는 로키의 침공과 우주 공간에서 기절한 경험으로 인해 〈아이언맨 3〉 내내 공황 증세를 겪고, 스티브 로저스는 〈캡틴 아메리카: 시빌 워〉에서 버키 반즈를 구하기 위해 그가 가진 모든 것을 포기해야 하는 상황에 놓인다. 토르는 〈토르: 라그나로크〉의 도입에서 제인 포스터와 이별하고 아스가르드가 불길에 휩싸여 멸망하는 악몽에 시달린다는 사실이 밝혀진다.

이 와중에 이들의 일상이 완전히 무너지는 사건까지 일어난다. 〈아이언맨 3〉에서는 토니 스타크의 절친한 친구이자 부하인 해피 호건이 익스트리미스 폭발에 휘말려 혼수 상태에 빠진 와중에 토니 스타크의 저택마저 폭격으로 무너지진다. 〈캡틴 아메리카: 시빌 워〉에서는 스티브 로저스가 잠시 방심한 나머지 자폭테러를 막지 못해 수많은 시민이 사망하고 정치적 압박이 들어오면서 어벤져스 내부에 분열이 일어난다. 〈토르: 라그나로크〉에서는 오딘이 사망하고 그가 추방했던 딸 헬라가 귀환하며 몰니르까지 파괴된다.

이렇게 3편의 1막은 주인공들이 1편과 2편을 거치며 다다랐던 성장과 안정이 충격적인 사건으로 완전히 무너지는 데서 출발한다. 또한 이 문제는 어디까지나 주인공만의 문제이다. 특히 〈아이언맨 3〉나 〈캡틴 아메리카: 시빌 워〉는 각 시리즈의 1편이나 2편과 달리 상징적 아버지와는 무관하게 주인공 개인과 그의 동료들에게 일어난 사건에서 출발하는데, 이는 사건이 전적으로 주인공만의 책임이라는 이야기이기도 하다.

2막 전반부

2막에 들어와도 상황은 수습되지 않는다. 〈어벤져스〉 시리즈를 통해 수많은 동료가 생겼고 시민들의 신뢰도 큰 상황이지만, 도움을 받기 어렵게 일이 꼬이기만 할 뿐이다. 토니 스타크는 〈아이언맨 3〉에서 새로 개발한 아이언맨 슈트 마크 42의 오작동 문제로 2막 전반부 내내 고생한다. 스티브 로저스는 〈캡틴 아메리카: 시빌 워〉에서 소코비아 협정으로 인한 어벤져스의 내홍과 버키 반즈로 위장한 누군가의 테러로 인해 정치적 위기에 몰린다. 토르는 〈토르: 라그나로크〉에서 비프로스트로 전송되던 중 헬라의 공격에 튕겨져 나가 사카아르 행성에 갇혀버린다.

결국 2막 전반부에서 주인공들은 강한 고립을 겪는다. 이들이 이제껏 이룬 성취가 오히려 그들의 발목을 잡고 상황을 악화하기까지 한다. 그나마 2편에서 사이드킥으로 활동했던 영웅들, 워머신이나 팔콘이 작게나마 도움을 주지만 이들 또한 주인공을 돕는 과정에서 그들과 함께 고립될 위험을 감수해야만 했다. 로키는 아예 토르의 뒤통수를 치며 그를 더 곤경에 몰아넣는다.

2막 전반부는 주인공이 슈퍼히어로로 성장해 수많은 업적을 이루었음에도 불구하고 쉽게 해결할 수 없는 큰 곤경에 처했음을 보여준다. 사이드킥이 겪는 혼란도 주인공이 겪는 고난이 얼마나 큰지를 강조한다. 〈캡틴 아메리카: 시빌 워〉에서 팔콘이 스티브 로저스를 돕기 위해 법을 어기고 수배자가 되거나, 〈토르: 라그나로크〉에서 로키가 토르를 배신하고 그를 외면하는 장면 모두 주인공이 처한 상황이 얼마나 극한의 위기인지를 강조하는 장치인 것이다.

2막 후반부

2막 후반부는 더 큰 위협으로 이어진다. 주인공이 고립에서 벗어나 정부나 다른 어벤져스와 연결되지만 그들에게서 큰 도움은 받지 못하거나, 오히려 서로 싸워야 하는 상황이 펼쳐지는 것이다. 〈아이언맨 3〉에서는 간신히 부통령과 연락이 닿았지만 그는 알드리치 킬리언을 통해 손녀의 장애를 치료하려고 토니 스타크와 워머신의 제보를 묵살한다. 〈캡틴 아메리카: 시빌 워〉에서는 아예 어벤져스가 분열되어 팀 캡틴과 팀 아이언맨이 대격돌을 벌이고, 〈토르: 라그나로크〉에서 토르는 헬라의 침공으로 인해 헤임달의 지원을 받지 못한다.

그럼에도 주인공은 이 상황을 타개할 가능성을 찾아낸다. 토니 스타크는 〈아이언맨 3〉에서 사건의 진상을 파악하고 마크 42를 재기동하면서 역전을 노리고, 스티브 로저스는 〈캡틴 아메리카: 시빌 워〉에서 토니 스타크와 다시 힘을 합쳐 윈터 솔져들과 맞설 채비를 갖추며, 토르는 〈토르: 라그나로크〉에서 사카아르에 혁명을 일으켜 노예들과 함께 아스가르드로 향하는 데 성공한다.

이제 진정한 의미의 최종 전투를 맞이할 채비를 갖춘 것이다.

3막

시리즈를 매듭짓는 완결편으로서의 3편은 최종전에서 역대 시리즈의 어느 작품과 비교해봐도 가장 화려한 전투를 선보인다. 주인공이 이제까지 슈퍼히어로로 활동하면서 성장한 모습을 아낌없이 보여줘야 하기 때문이다. 〈아이언맨 3〉에서는 '하우스 파티 프로토콜'로 온갖 종류의 아이언맨 슈트가 등장해 활약을 펼쳤고, 〈캡틴 아메리카: 시빌 워〉는 스티브 로저스와 토니 스타크와 버키 반즈가 가장 드라마틱하고 격정적인 전투 신을 보여주었으며, 〈토르: 라그나로크〉에서는 천둥의 신으로서의 모든 잠재력을 개방한 토르가 헬라라는 강적을 상대로 화려한 싸움을 펼친다.

하지만 여기에서 짚고 가야 할 중요한 점이 있다. 이 최종 결전의 핵심은 주인공의 성장을 마무리하는 것이지, 빌런을 쓰러뜨리는 것이 아니라는 점이다. 〈아이언맨 3〉에서는 토니 스타크가 아닌 페퍼 포츠가 알드리치 킬리언을 끝장냈고, 〈캡틴 아메리카: 시빌 워〉에서는 스티브 로저스가 아닌 티찰라가 제모를 검거했으며, 〈토르: 라그나로크〉에서는 토르가 수르트를 부활시켜 라그나로크를 일으키는 것으로 헬라를 무찔렀다. 이는 주인공들이 단순히 강력한 힘을 가졌기 때문이 아니라, 갖고 있던 문제를 해결하고 성장을 이루었기에 승리할 수 있었다는 이야기이기도 하다.

결국 사태를 마무리한 주인공은 마지막으로 슈퍼히어로로서의 상징물을 포기한다. 앞서 설명한 바와 같이 토니 스타크는 아이언맨 슈트를 전부 파괴하고 가슴에 장착했던 아크 원자로를 바다로 던져버린다. 스티브 로저스는 어벤져스의 리더에서 국제적인 수배자가 된 상황에서 미국 국기가 그려진 비브라늄 방패를 버린다. 토르는 몰니르도 잃고 아스가르드도 떠나며 지구로의 망명을 준비한다.

토니 스타크는 〈아이언맨 3〉의 마지막 장면에서 자신의 수트를 애벌레가 나비가 될 때까지 나비를 지켜주는 고치에 비유한다. 이 상징물들은 그들이 성장하기 전까지 그들을 지켜주는 동시에 언젠가는 벗어나야 했던 것들이었던 셈이다. 이들은 모두 이후로도 슈퍼히어로로 활동하나, 이는 어디까지나 성장을 마친 한 명의 주체로

서다. 시리즈를 매듭짓는 완결편으로서의 3편은 이렇게 주인공이 진정한 자신으로 거듭나고 슈퍼히어로로서의 정체성과 개인의 정체성의 합일을 이루는 것으로 마무리 된다.

기타 공식

지금까지 MCU의 인피니티 사가에서 개별 히어로의 솔로 무비 시리즈를 원부살해신화의 플롯 공식을 통해 정리했다. 그러나 MCU에는 멀티버스 사가나 여러 히어로가 함께 나오는 팀업 무비 등 플롯 공식만으로 설명할 수 없는 작품 또한 있다.

물론 여타 작품들의 플롯 또한 큰 틀에서는 원부살해신화의 플롯 공식을 변주히거나 차별화하는 형태인 것은 분명하다. 그럼에도 이 변주와 차별화가 어떤 방식으로 구성되었는지는 간략히 정리하고 넘어가도 좋을 것이다. 여기서는 그중에서 몇 가지 작품군에 대한 정리를 덧붙이고자 한다.

〈어벤져스〉 시리즈

팀업 무비는 여러 슈퍼히어로가 고루 활약해야 한다는 점에서 플롯 공식을 세우기가 까다롭다. 등장인물이 많기에 장면을 만들기 쉽고 다양한 연출이 가능하다는 장점도 있지만 이 장점 역시 개별 등장인물 사이의 균형을 잃는다면 큰 효과를 보기 어렵다.

결국 MCU는 팀업 무비에서 이 균형감을 잡기 위해 이야기에 구심점이 될 소재를 하나 혹은 여럿 집어넣는다. 아서왕 전설 속의 성배나 〈반지의 제왕〉 시리즈의 절대 반지처럼 많은 사람이 손에 넣으려는 대상이 그런 중심점이 될 수 있다. 팀업 무비의 기념비적인 1편이라 할 수 있는 〈어벤져스〉에서는 테서렉트 큐브가 그 역할을 맡았다. 이 큐브는 모든 등장인물이 원한다는 점에서, 또 연관된다는 점에서 구심점의 역할을 훌륭히 수행했다.

각 인물은 큐브와 적극적으로 관계를 맺고 있다. 토니 스타크는 아크 원자로 기술의 개발자로, 큐브를 통한 에너지 연구의 직접적인 관계자였다. 스티브 로저스는 제2차세계대전 당시 큐브를 놓고 레드 스컬과 갈등을 겪었으며, 토르는 로키가 큐브를 악용하는 것을 막기 위해 지구로 왔다. 브루스 배너 또한 감마선 기술의 전문가로서

큐브의 추적을 위해 소환된 인물이다.

〈어벤져스〉 개봉 당시는 이 네 인물의 솔로 무비가 각한 편 이상 나온 상황이었다. 이들의 배경이나 능력에도 편차가 컸다. 미래적 분위기의 테크노 스릴러(〈아이언맨〉), 메타적으로 재해석한 고전적 밀리터리 SF*(〈퍼스트어벤져〉), 외계 행성을 아우르는 스페이스 오페라(〈토르: 천둥의 신〉), 크리처물**(〈인크레더블 헐크〉)까지 각 솔로 무비의 바탕이 되는 장르도 제각각이었다. 그렇기에 이 인물들을 하나로 아우르기 위해서는 큐브와 같은 구심점이 필요했던 것이다.

큐브 같은 소재만이 아니라 하나의 주제 혹은 질문 또한 구심점의 역할을 할 수 있다. 〈어벤져스: 인피니티워〉에서는 대부분의 등장인물이 시련을 겪는 과정에서 '대의를 위해 사랑하는 사람을 희생할 수 있는가?'라는 질문의 답을 고민한다. 그리고 이것이 구심점이 되어 무수한 인물이 그려나가는 수많은 캐릭터 아크가 통일성

* 밀리터리 SF military science fiction. SF의 하위 장르로, 주로 군인이 주요 인물로 등장하며 우주 내 세력들 간의 무력 충돌을 그린다.
** 크리처물creature物. 호러의 하위 장르로, 주로 사람을 해치는 괴물이 등 장해 발생하는 일들을 다룬다.

을 갖춘 채 연결될 수 있었다.

〈스파이더맨〉 시리즈

MCU에서 〈스파이더맨〉 시리즈는 제작 배경 자체가 남다르다. 캐릭터의 판권이 마블이 아닌 소니픽쳐스에 있기도 하거니와 토비 맥과이어와 앤드류 가필드Andrew Garfield가 각각 주역을 맡은 시리즈가 MCU에서 그리 멀지 않은 과거에 제작된 바 있다. 그 때문인지 MCU의 〈스파이더맨〉 시리즈의 플롯 공식은 특수한 데가 있다.

MCU의 〈스파이더맨〉 시리즈 또한 MCU의 다른 솔로 무비와 마찬가지로 원부살해신화 구조의 영역 안에 있으나, 다른 작품들과 달리 상징적 아버지의 역할을 하는 인물이 특수하다. 바로 그 역할을 〈아이언맨〉 시리즈의 슈퍼히어로인 토니 스타크가 담당한다는 것이다.

이렇게 개별 시리즈의 주인공인 토니 스타크가 피터 파커에게 큰 영향을 미치는 인물이라는 설정은 〈스파이더맨〉 팬덤에게나 〈아이언맨〉 팬덤에게나 큰 논쟁을 불러일으켰다. 이런 예외적인 전개는 토비 맥과이어와 앤드류 가필드의 〈스파이더맨〉 시리즈가 모두 높은 완성도를 갖추고 있었기에 시리즈 차원의 차별화가 요구되는 상황이었으며, MCU와 소니픽쳐스의 협업이라는 점에서도 피터 파커라는 인물을 MCU에 더 강하게 결합시킬 수 있는 설정이 필요했기 때문인 것으로 보인다.

하지만 앞서 짚었듯, 〈스파이더맨〉 시리즈 역시 상징적 아버지가 죽음을 맞이하고 주인공이 그 지위를 승계하는 시기와 방식에 차이가 있는 정도로 약간의 변주만 있을 뿐 플롯 공식을 벗어나지는 않는다. 피터 파커는 시리즈 1편인 〈스파이더맨: 홈커밍〉에서 토니 스타크에게 스파이더맨 슈트를 받을 자격을 증명해야 했다. 2편인 〈스파이더맨: 파 프롬 홈〉에서는 또 다른 슈퍼히어로 미스테리오가 자신보다 토니 스타크의 유산을 받을 자격이 있지 않은지 번민한다. 3편인 〈스파이더맨: 노 웨이 홈〉에서는 토니 스타크에게서 받은 슈트를 벗고 자신만의 슈트를 만드는 데 성공한다. 이렇듯 피터 파커의 여정은 큰 틀에서는 앞서 정리한 3부작의 공식에서 벗어나지 않은 채 진행되었다고 할 수 있다.

비록 팬덤에게는 달가운 일이 아니겠으나, 어떤 의미에서 〈스파이더맨: 홈커밍〉은 〈아이언맨 4〉나 다름없는 구성을 갖추고 있는 셈이다. 〈아이언맨〉 시리즈를 통해 자신만의 성장을 완수한 토니 스타크가 맡은 역할은 〈스

파이더맨: 홈커밍〉에서 자신처럼 미숙했던 피터 파커의 성장을 보조하고 지도하며 평가하는 멘토 역이었고, 이는 〈아이언맨〉 시리즈에서 나온 캐릭터 아크의 연장선상에서 그려진 것이었으니 말이다. 토니 스타크 스스로도 피터 파커를 훈계하는 과정에서 자신과 아버지가, 피터 파커와 어린 시절의 자신이 동일시되는 상황에 혀를 내두르지만, 이는 플롯 공식에 따르면 필연에 가까운 일이다.

MCU 중반 이후 페이즈의 1편

MCU의 중반 이후 페이즈의 개별 히어로 솔로 무비 또한 원부살해신화의 플롯 공식과 연관이 있다. 다만 이 작품들은 상징적 아버지의 위치를 앞선 작품들과는 다른 곳에 배치한다. 〈캡틴 마블〉, 〈이터널스〉, 〈샹치와 텐 링즈의 전설〉에서 주인공들은 상징적 아버지의 존재에 영향을 받는 동시에 그에 대한 의구심을 품고 있다. 이들은 오히려 상징적이건 생물학적이건 어머니에게서 더 큰 깨달음과 배움을 얻고 자신이 기존에 속해 있던 상징적 아버지의 권력에 반기를 드는 것으로 성장을 완수한다.

〈캡틴 마블〉의 주인공 캐럴 댄버스는 크리 제국의 특

수부대 스타포스에 속한 인물이나, 크리 제국이 자신의 과거와 웬디 로슨 박사에 대한 기억을 지우고 자신을 이용해왔다는 사실을 깨닫고 크리 제국이 적대하던 스크럴족의 편에 선다. 샹치 또한 〈샹치와 텐 링즈의 전설〉에서 아버지 웬우에게서 무술을 배웠으나 웬우의 탈로 침공을 막고자 어머니 잉리의 권법으로 그와 맞선다. 세르시는 〈이터널스〉에서 창조자 아리솀의 명령을 수행하는 이터널스로서의 의무를 다했지만, 에이잭에게 리더 자리를 물려받은 후에는 지구의 생명체를 절멸하려는 아리솀의 계획을 알게 되면서 그에게 대항한다.

이렇게 MCU의 초반 페이즈에서 상징적 아버지가 그 뜻을 따라야 하는 모범적 멘토의 역할을 맡았던 반면 후반 페이즈의 상징적 아버지들은 〈캡틴 마블〉의 욘 로그처럼 거짓으로 주인공을 속이거나, 〈샹치와 텐 링즈의 전설〉의 웬우 처럼 본인 역시 누군가에게 속아넘어갔거나, 〈이터널스〉의 창조자처럼 진실을 숨기고 있다. 그래서 후반 페이즈의 주인공들은 그에 맞서 저항하는 것으로 성장의 과정을 밟아나간다.

이 구조는 기능적으로 MCU 초반 페이즈의 솔로 무비 2편의 기능과 무척 유사하다. MCU가 보편적인 플롯 공식을 차용한 것은 복잡한 설정과 세계관을 전달하기에 유리하기 때문이기도 했다. 하지만 MCU의 역사가 쌓이면서 이제 슈퍼히어로라는 장르는 서브컬처의 마니아가 아닌 관객들도 친숙하게 여기는 대중적 장르가 되었다. 그 덕에 후반 페이즈의 작품들은 처음부터 상징적 아버지와 그의 유산을 승계하는 식으로 설정을 하나하나 전달하지 않고, 오히려 그들이 내재적으로 갖고 있는 문제나 모순을 지적하는 것에서 이야기를 시작할 수 있게 된 것이다.

‒ 스토리를 효율적으로 구성하기 위해서는 정형화된 플롯을 참고하는 편이 좋다.

‒ 슈퍼히어로 기원담으로서의 1편은 성장담의 플롯을 따르도록 구성하는 편이 유리하다.

‒ 속편을 만들 때는 1편의 내용을 반복하는 것을 넘어, 인물의 관계나 설정을 역전시켜 흥미를 더하면 소포모어 징크스를 극복하기 쉽다.

‒ 3부작의 마지막은 주인공이 슈퍼히어로와 개인이 어우러진 새로운 정체성을 확립하는 것으로 마무리되고는 한다.

‒ 팀업 무비에서는 구심점 역할을 할 소재나 주제를 통해 스토리의 균형을 맞출 수 있다.

- - - - - - - - - - - - - - - - - - - -

1. 당신이 구상한 스토리를 간략한 플롯으로 요약해보자.

2. 그 플롯은 정형화된 플롯과 어떤 부분이 유사한가? 기존 플롯과 차별되는 요소는 무엇인가?

"그래서, 내가 내 사촌 어네스토랑 와인
시음회에 갔는데 말이야..."

— 〈앤트맨〉, 루이스

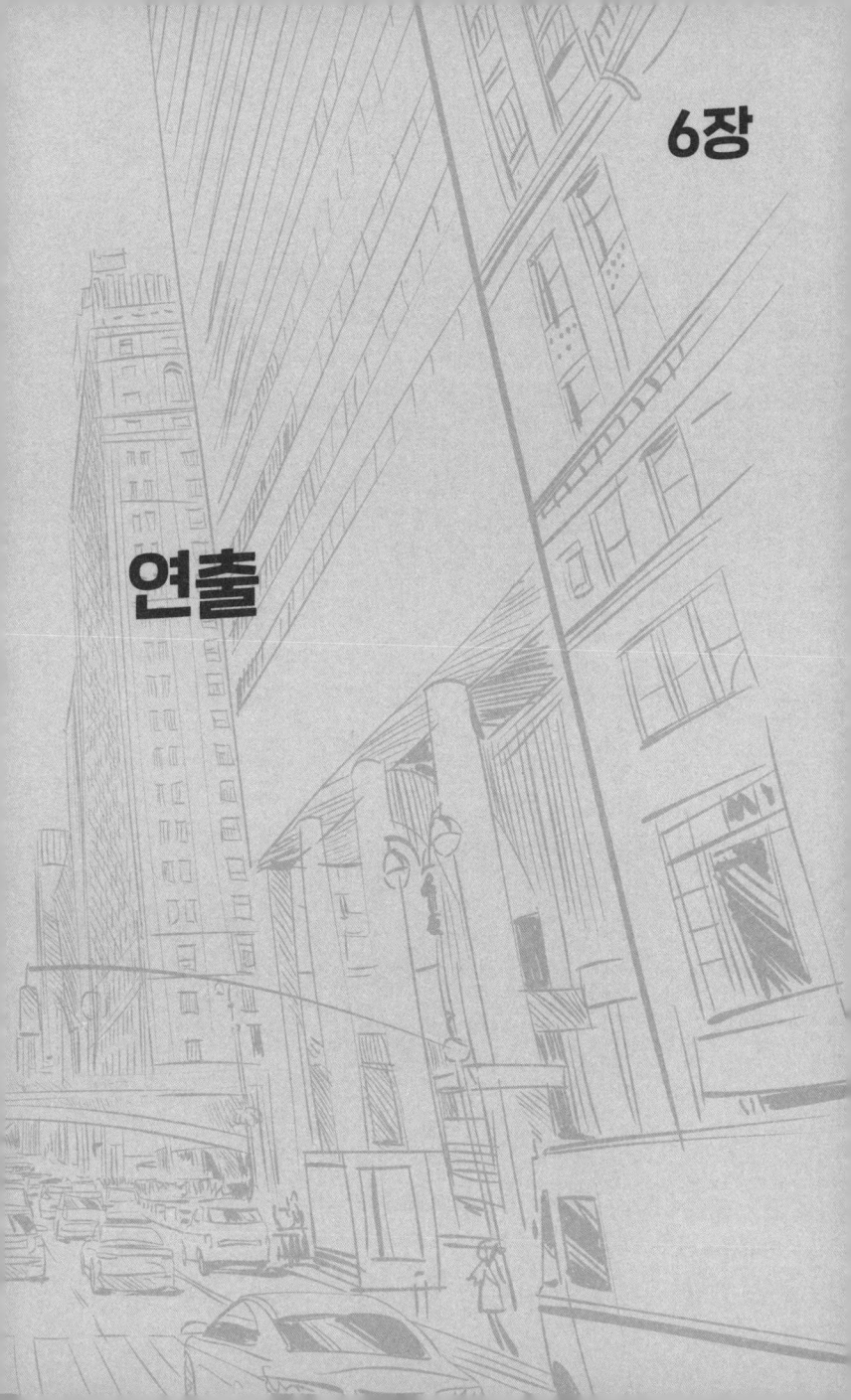

6장

연출

스토리는 인물, 사건, 배경, 주제 등 그 구성 요소가 동일하더라도 그것을 전달하는 방식에 따라 완전히 다른 작품이 될 수 있다. 인물을 단독으로 설명하느냐 아니면 다른 인물과의 비교를 통해 설명하느냐, 사건을 시간의 흐름대로 제시하느냐 아니면 역행으로 제시하느냐, 주제를 알기 쉽게 드러내느냐 아니면 비밀스럽게 암시하느냐 등 창작자가 고를 수 있는 선택지는 수없이 많으며, 각각의 선택은 일정한 효과를 내며 작품이 관객에게 받아들여지는 방식을 좌우한다. 이 장에서는 스토리를 어떻게 전달할지 선택하는 일, 즉 연출에 관해서 다룬다. MCU가 주로 활용하는 연출 방법들은 무엇이며 그것들이 어떤 매력적인 효과를 내는지 하나하나 살펴보자.

 ## 세계관을 전달하는 두 가지 방법

　　4장에서 MCU가 세계관 설정을 짜는 방법에 대한 내용을 정리했다면, 여기서는 MCU가 세계관을 전달하는 방법을 간략히 정리하고자 한다.

MCU는 슈퍼히어로 장르에만 속해 있지 않다. 〈닥터 스트레인지〉는 판타지, 〈토르: 천둥의 신〉이나 〈가디언즈 오브 갤럭시〉는 스페이스 오페라, 〈아이언맨〉과 〈앤트맨〉 은 테크노 스릴러로도 분류할 수 있다. 아주 현실적인 배경부터 머나먼 우주, 그리고 차원을 넘어서는 미지의 세계까지, MCU의 세계관은 끝없이 펼쳐지고 있다.

이렇게 복잡하고 다양한 세계관을 전달할 때는 두 가지 방법론을 사용할 수 있다. 하나는 일상적 비일상을 보여주는 것이고, 다른 하나는 비일상적 일상을 보여주는 것이다. 일상적 비일상은 말 그대로 우리가 비일상으로 느낄 상황에 일상적인 대화, 물건, 행동이 등장하는 경우를 가리킨다. 이런 장면이 나오면 관객들은 곧바로 비현실적인 세계관을 친숙하게 여기고 좀 더 가깝게, 공감할 수 있는 상황으로 여기게 된다.

〈닥터 스트레인지〉에서 칼 모르도가 카마르타지에 짐을 풀고 있는 닥터 스트레인지에게 와이파이 비밀번호가 적힌 쪽지 하나를 건네준 장면이 이런 일상적 비일상의 대표적인 경우다. 카마르타지는 오리엔탈리즘적 환상으로 가득한 곳이고 닥터 스트레인지와 관객들은 이 공간이 얼마나 신비로운 곳일지 한껏 긴장한 채로 지켜

볼 수밖에 없다. 하지만 이런 곳에서조차 와이파이 비밀 번호가 관리되고 있다는 재미난 장면은 순식간에 닥터 스트레인지와 관객들의 긴장을 풀어 편안함으로 이끌어 준다.

〈아이언맨〉 시리즈에서 토니 스타크가 등장할 때마다 락밴드 AC/DC의 음악이 작렬하는 것 또한 마찬가지다. 친숙한 멜로디의 기타 반주와 인상적인 보컬이 스크린을 뚫고 영화관을 뒤흔드는 순간, 관객들은 이 작품속 세계가 우리의 현실과 강하게 맞닿아 있다고 인식한다. 이 같은 방식은 음악에만 국한되지 않는다. 토니 스타크가 토르에게 그와 닮은 미국 배우인 패트릭 스웨이지Patrick Swayze의 대표작 〈포인트 브레이크〉의 제목을 따 '포인트 브레이크'라는 별명을 붙여주거나, 디제잉을 하는 이소룡이 그려진 티셔츠를 입고 다니는 장면들도 마찬가지로 일상적 비일상의 모습이다.

이런 일상적 비일상은 슈퍼히어로들이 각 지역의 랜드마크를 배경으로 삼는 연출로도 제시된다. 피터 파커가 워싱턴 기념비로 현장학습을 갔다 폭발 사건에 휘말린다거나, 토니 스타크가 랜디스도넛의 거대 조형물 위에서 도넛을 먹는다거나, 스티브 로저스와 샘 윌슨이 링

컨 기념관에서 조깅을 하는 장면이 그 대표적 예시다.

일상적 비일상은 관객들로 하여금 '아! 나 저거 아는데!' 하는 놀라움과 즐거움을 준다. 그 순간 관객들은 비일상적인 사건 속에서 자신이 일상적으로 여기던 공간을 발견하면서 강한 친밀감을 느끼며, 슈퍼히어로들이 나와 같이 살아 숨 쉬는 인물이라고 여긴다. 세계관이 생생하게 느껴지도록 작품 바깥에서 그 무엇보다 생생할 현실을 끌어오는 것이다.

반대로 비일상적 일상은 일상적인 상황에 비일상적인 대화, 물건, 행동이 등장하는 경우다. MCU 속 세계관만의 고유한 관습이나 예절, 관용구 등을 꼽을 수 있다. 이런 연출은 작품 속 세계에 대한 생경함을 주는 동시에 그 안의 문화가 어떻게 형성되었으며 어떤 가치를 우선하는지를 짐작하도록 돕는다.

대표적으로는 〈퍼스트 어벤져〉에서 하이드라를 묘사하는 장면을 꼽을 수 있다. 하이드라에 소속된 조직원들은 경례할 때 양손을 앞으로 뻗으며 "하일, 하이드라!"라고 외친다. 하이드라의 이러한 관습은 군대나 경찰 등의 조직에서 으레 보이는 일상적인 상황인 동시에 하이드라만의 특색이 더해진 비일상적 모습이다. 하이드라는 임무에 실패한 순간 자결하면서 "하나의 머리가 잘리면 그 안에서 두 개의 머리가 솟아오른다"라고 외치기도 하는데, 이러한 하이드라 구성원들의 행보는 이들이 속한 조직이 나치즘과 파시즘이 뒤섞인 악의 집단임을 직관적으로 짐작하게 한다.

머나먼 우주나 허구의 국가를 배경으로 한 작품일수록 비일상적 일상은 디테일하게 묘사된다. 〈가디언즈 오브 갤럭시 VOL. 2〉, 〈토르: 다크 월드〉, 〈블랙 팬서: 와칸다 포에버〉에는 모두 장례식 장면이 나온다. 이 작품들에서 그린 각각의 독특한 장례 문화는 21세기 지구의 문화와 닮은 면이 있으면서도 그 세계관이기에 나올 법한 독자적인 성격을 갖고 있다.

또한 이러한 비일상적 일상은 팬덤 내부에서 팬심을 입증하는 도구로 쓰이기도 한다. 마치 〈스타워즈〉 시리즈의 팬들은 "포스가 함께하기를"이라는 작품 속 세계의 인사말로 인사하고, 〈스타트렉〉의 팬들은 벌칸식 경례 손동작을 하면서 "장수와 번영을"이라고 인사하는 것처럼 말이다. 실제로 〈블랙 팬서〉가 흥행한 뒤 농구나 축구 등에서는 선수들이 골을 넣고 난 뒤 두 팔을 가슴 위에 엑스자로 겹치는 와칸다식 세레모니를 펼치기도 했다.

액션은
경제적이어야 한다

　　MCU를 논할 때에는 화려한 액션 신을 빼놓을 수 없다. 다만 액션을 짜기 위한 구체적인 노하우를 일일이 언급하지는 않고자 한다. 이는 매우 고도의 스킬을 요구하는 전문적인 영역이며, 액션을 연출하는 방법 하나만으로도 책 한 권이 따로 필요한 수준이기 때문이다. 그러니 여기서는 어디까지나 액션 장면이 플롯과 어떻게 경제적으로 결합해야 하는지에 대해서만 정리하고자 한다.

　액션은 경제적이어야 한다. 여기서 경제적이라 함은 액션 장면이 사건의 전개만이 아니라 인물의 설정이나 성격을 전달하는 복합적인 도구로 활용돼야 한다는 이야기이자 낭비 없이 기능적으로 잘 배치돼야 한다는 말이기도 하다. 화려한 폭발이 마구잡이로 쏟아진다고 좋은 액션 영화가 완성되지는 않는다. 마찬가지로 아무런 충돌도 없이 고요하게 사건이 마무리되는 것 또한 액션 영화로는 실격이다. 꼭 들어가야 하는 정보를 압축적으로 담아 인위적이지 않게 전달하는 장면을 완성하는 것.

이것이 바로 경제적인 액션 장면이다.

액션 장면은 신체만이 아니라 정신의 영역에서도 중요하다. 슈퍼히어로의 슈퍼파워는 기실 감정의 발현에 가깝다. 어떤 슈퍼히어로건 분노하면 더 강해지고 번민하면 더 약해진다. 확신 속에서는 승리하고 회의 속에서는 패배한다. 슈퍼히어로와 빌런의 싸움에는 힘의 격차 이상으로 감정의 상태와 당위의 여부가 영향을 미치는 것이다. 이렇게 신체적인 영역과 정신적인 영역이 함께 폭발적으로 활용되면 액션 장면의 쾌감이 배로 늘어난다. 〈토르: 라그나로크〉에서 토르가 헬라와의 싸움에서 밀리던 중 오딘의 환상을 본 뒤 자신의 진정한 힘을 각성하고 개방하는 장면처럼 말이다.

물론 쉴드의 콜슨 요원이 더 분노하고 더 확신한다고 해서 그가 타노스를 이기는 장면을 넣을 수는 없을 것이다. 당연히 액션에서도 최소한의 개연성은 지켜야 한다. 하지만 그렇다고 해서 액션 장면을 그저 누가 더 강하고 누가 더 약한가를 확인하기 위해서만 배치할 수는 없으며, 주인공의 감정과 결심을 전달하기 위한 도구로서도 사용해야 한다는 것을 잊으면 안 된다.

액션 장면을 그렇게 활용할 때, 대부분의 경우 주인공

의 신체적 힘은 그의 정신적 힘과 비례해야 한다. 만약 주인공이 번민과 회의 속에서도 승리하거나 분노와 확신 속에서도 패배한다면 무척 찜찜한 전개가 이어질 것이다. 물론 이 찜찜한 상황 자체가 연출상 필요한 경우라면 그렇게 전개하는 것이 옳겠으나, 그렇지 않은 경우라면 액션은 몸만이 아니라 마음까지 함께, 경제적으로 낭비 없이 어우러져야 한다.

액션 장면은 감정뿐만 아니라 설정을 전달하는 면에서도 경제적이어야 한다. 슈퍼히어로가 관객에게 처음으로 소개되는 작품이라면 영화 초반에 관객이 슈퍼히어로의 능력을 이해하고 예측하도록 돕는 장면이 필요하다. 이를 위해 MCU의 작품들은 슈퍼히어로가 본격적으로 활약하기에 앞서 〈앤트맨〉의 슈트 사용법 훈련 장면처럼 슈퍼파워의 특성을 보여주거나, 〈아이언맨〉의 슈트 개발 장면처럼 슈퍼파워가 가진 한계나 문제점을 보여준다. 이런 장면들은 주인공만이 아니라 관객들 또한 주인공의 슈퍼파워가 어떤 것인지 이해하도록 도우며, 클라이맥스 장면에 대한 기대를 키운다.

이렇게 클라이맥스 장면에 대한 기대를 키우기 위해 주인공이 작품 초반에 슈퍼파워에 휘둘리거나 능력 개방에 실패하는 경우도 있다. 〈토르: 라그나로크〉에서 토르가 헐크에게 맞서 싸우던 중 천둥의 힘을 완전히 개방할 것처럼 긴장이 고조되었다가 그랜드마스터의 개입으로 패배했던 것처럼 말이다.

위와 같은 빌드업 장면들은 어디까지나 클라이막스를 더 빛나게 만들기 위한 장치다. 모든 장면이 화려하기는 어렵다. 이는 단지 예산의 문제만은 아니다. 관객들이 작품을 보며 긴장과 집중을 유지할 수 있는 시간 또한 한정적이기 때문이다. 따라서 스토리상 그렇게 중요하지 않은 사건의 액션은 더 간결하고 단순할 필요가 있으며, 결정적인 장면의 액션은 이제까지 쌓아온 빌드업을 온전히 활용하여 만들어져야 한다.

슈퍼히어로 영화의 핵심은 슈퍼파워다. 그러므로 각 슈퍼히어로의 슈퍼파워가 최대한으로 활용되어야 하며, 창의력과 상상력을 최대한 발휘해 관객의 예측을 넘어서는 액션 장면을 만들어야 한다. 헐크처럼 강한 힘이라는 단순한 슈퍼파워의 소유자라면 그의 힘이 얼마나 센지 보여줄 충격적인 연출이 필요하고, 앤트맨처럼 독특한 슈퍼파워의 소유자라면 그의 능력이 얼마나 다양한 곳에 활용될 수 있는지를 보여줄 기발한 연출이 필요하다.

무엇보다 액션 장면에서는 관객이 느낄 긴장 또한 경제적으로 배분해야 한다. 액션 장면만이 아니라 전체 이야기에서 긴장과 이완을 적절히 조절하는 것은 매우 중요하다. 간략히만 정리하자면, 관객을 긴장시키는 전개는 눈을 뗄 수 없는 흥미진진한 이야기를 만들지만, 이것이 지나칠 경우 관객을 피로하게 한다. 반면 이완시키는 전개는 관객에게 안도감과 편안함을 주지만, 이것이 과도할 경우 지루한 이야기가 된다. 따라서 긴장과 이완은 이야기 전체적으로 꼭 필요한 때에 절묘하게 활용되어야 한다. 이는 액션 장면에서도 마찬가지다.

액션 장면에서는 특히 인물과 인물 사이의 대립이 그 자체로 강한 긴장을 주며 이 긴장은 곧 보는 이의 심적 부담으로 이어진다. 이러한 긴장은 사건이 진행되면서 이완되기도 하고 부담 역시 해소되면서 재미로 이어질 수 있지만, 굳이 긴장을 더할 필요가 없다면 액션 장면은 인물 사이의 대립이 아닌 형태로 제시되는 편이 경제적이다.

인간은 공감 능력이 빼어난 생물이다. 그래서 비록 영화일지언정 평범한 사람이 불행하게 다치는 장면을 보면 감정적인 소모가 일어난다. 반대로 짜증나는 물건이 박살나는 장면을 보면 감정적인 흥분이 일어난다. 이런 관객들의 반응을 고려해 창작자는 필요에 따라 감정적인 소모와 흥분을 이끌어낼 수 있어야 한다.

〈캡틴 아메리카: 시빌 워〉에서 하이드라 요원 브록 럼로우가 자폭을 시도해 수많은 사상자가 발생하는 장면은 그 자체로 강한 긴장을 준다. 무고한 시민이 부당하게 목숨을 잃었기 때문이다. 마찬가지로 〈어벤져스: 에이지 오브 울트론〉에서 아이언맨과 헐크가 시가지에서 난투를 벌이는 장면 또한 거리의 행인들이 다칠지도 모른다는 우려로 인해 계속해서 긴장이 이어진다. 반대로 〈샹치와 텐 링즈의 전설〉에서 케이티가 폭주하는 버스를 몰다가 공유 킥보드 십수 대를 들이받는 장면은 그 자체로 정의 구현의 통쾌함과 카타르시스를 준다.

특히 감정적인 소모는 너무 빈번하게 일어나면 오히려 관객을 무감하게 만든다는 점을 유의해야 한다. 따라서 사랑스러운 인물이 죽거나 소중한 물건이 부숴지는 경우와 같이 강한 긴장과 감정적 소모를 일으키는 장면은 관객의 감정이 결정적인 순간에 극적으로 터져나올 수 있도록 경제적으로 배분되어야 한다.

〈어벤져스〉 시리즈의 악당들이 비인간적 형태를 띤 병사로 이루어진 군대를 거느리고 있는 것 또한 마찬가지의 이유에서다. 〈어벤져스〉의 치타우리나 〈어벤져스: 인피니티 워〉의 아웃라이더는 일반적인 유기 생명체라기보다는 사이보그나 생체 병기에 가까운 모습을 띠고 있으며, 〈어벤져스: 에이지 오브 울트론〉의 울트론 군단 또한 기계이기 때문에 이들의 사지가 분해되는 장면이 나와도 관객들의 감정적인 소모가 크지 않다.

MCU의 슈퍼히어로들이 주로 살상보다는 제압에 유리한 무기를 사용하는 것 역시 그 편이 긴장을 경제적으로 배분하기에 유리하기 때문이다. 아이언맨의 리펄서 건이나 토르의 묠니르, 캡틴 아메리카의 비브라늄 방패 모두 피를 보지 않으면서 악당을 쓰러뜨릴 수 있는 무기다. 물론 상황과 필요에 따라서는 이 무기들도 얼마든지 잔혹하게 활용될 수 있으나, 그런 장면은 감정과 긴장이 최대한으로 고조된 경우가 아니면 잘 등장하지 않는다.

대칭으로
반복하라

　　대칭과 반복은 연출을 하는 데 가장 직관적이고 효과적인 무기다. 인물이나 설정을 대칭되게 세팅하고 장면과 대사를 반복하면 대칭되는 두 요소가 서로를 강조하고 돋보이게 만들어주기 때문이다.

　주인공과 빌런이 상극하는 인물로 설정되는 이유도 마찬가지다. 이렇게 정반대의 인물을 함께 놓으면 서로의 개성이 더 돋보이게 된다. 주인공과 빌런에게 동일한 상황을 부여한 뒤 주인공은 올바른 선택을, 빌런은 이기적인 결정을 내리게 하면 마치 보색 효과처럼 주인공의 정의로움과 빌런의 나약함이 더 선명해지는 것이다.

　서로 상극한다는 것은 곧 강하게 충돌하기 쉽다는 이야기인 동시에 부족한 점을 메워줄 수 있다는 뜻이기도 하다. 우직한 주인공과 유연한 빌런은 가치관의 차이로 사사건건 부딪히기 쉬우나, 특정한 상황에서 함께 힘을 합쳐야 할 때는 서로의 단점을 보완해주는 식으로 합을 맞출 수도 있다. 〈토르: 다크 월드〉나 〈토르: 라그나로크〉에서 토르와 로키가 티격태격하는 와중에도 임시 동맹을 맺고 적들과 싸웠던 장면들이 좋은 예시다.

이렇게 인물을 대칭적인 구도로 설계하는 작법은 무척이나 실용적이기 때문에 여러 인물들에게 흔히 활용된다. 슈퍼히어로와 사이드킥, 주인공과 연인 등도 이런 방식으로 서로를 돋보이게 만들어줄 필요가 있기 때문이다.

이러한 대칭은 성격 면에서만 활용되지는 않는다. 설정이나 외양, 심지어 코스튬의 색깔까지도 대칭을 이루도록 설계될 때가 있다. 스티브 로저스는 시민들을 지키기 위해 북극에 비행기를 불시착시키는 영웅적인 행동으로 냉동되었던 반면, 버키 반즈는 하이드라에 납치돼 인간 병기로 전락하고 냉동되었다 깨어나기를 반복했다. 아이언맨 슈트가 화려하고 과시적인 컬러링을 자랑하며 그 디자인 또한 세련된 맵시를 자랑하는 반면, 오베디아 스탠의 슈트 아이언몽거는 무기질적인 금속빛에 투박하고 거칠며 커다란 디자인을 갖고 있다. 이러한 배치는 각 인물의 상황과 성격을 더욱 선명하게 드러낸다.

인물만이 아니라 사건 또한 대칭적으로 구성할 수 있다. 앞뒤의 사건을 대칭적으로 배치하면 인물이나 상황의 변화를 더욱 극적으로 강조할 수 있다. 〈블랙 팬서〉에서는 티찰라가 선조들의 환상을 보는 장면이 두 번 나온다. 티찰라는 첫 번째 장면에서는 선조들을 경배하지만 두 번째 장면에서는 그들을 비판하며 자신이 그들과는 다른 선택을 할 것임을 선언한다. 티찰라가 와칸다의 왕으로서 갖는 마음가짐이 크게 변했음을 두 장면의 대칭을 통해 전달한 것이다.

이렇게 사건을 대칭적으로 배치하는 가장 대표적인 형태는 오프닝과 엔딩의 수미쌍관 구성이다. 이는 MCU에서는 '반드시'라고 할 수 있을 만큼 강하게 지켜지는 작법이다. 토니 스타크는 〈아이언맨〉의 첫 장면에서 군인들에게 토니 스타크가 어떤 인물이냐는 질문 세례를 받고, 마지막 장면에서 기자들에게 자신이 아이언맨이라는 진실을 밝힌다. 피터 파커는 〈스파이더맨: 홈커밍〉의 첫 장면에서 호텔 방에 선물로 놓인 스파이더맨 슈트를 보고 흥분하며 철없는 모습을 보이지만, 마지막 장면에서는 영웅에게 필요한 겸허함과 사명감을 증명하고 다시금 자신의 방에 선물로 놓인 스파이더맨 슈트를 발견한다.

또한 가장 경솔하던 사람이 가장 진중하게, 가장 심각하던 사람이 가장 웃기게 행동하면 그 자체로 이들이 사건을 겪어나가며 얼마나 성장했는지 직관적으로 보여주며, 이는 더 깊고 입체적인 인물의 묘사로 이어진다. 특히 〈가디언즈 오브 갤럭시〉는 인물과 사건을 모두 훌륭한 수미쌍관의 형태로 배치하는 데 성공했다는 점에서 교과서와 같은 예시를 보여준다. 피터 퀼은 누구도 그를 알아보지 못하거나 잡범으로 취급받던 초반의 상황에서 스타로드라는 이명에 걸맞은 영웅이 된다. 드랙스는 메타포를 이해하고 쓸 줄 알게 되고, 로켓은 타인을 위하고 배려하는 모습을 보인다. 그루트는 "나는 그루트다"가 아니라 "우리는 그루트다"라고 말한다. 가모라는 더 이상 춤을 거절하지 않고 음악에 맞춰 어깨를 흔들게 된다.

이런 수미쌍관의 형태는 시리즈 전체를 관통해서 나타나기도 한다. 〈가디언즈 오브 갤럭시〉의 첫 장면에서 피터 퀼은 홀로 음악을 들으며 슬픔에 잠겨 있다 우주로 납치되었으나 〈가디언즈 오브 갤럭시: Volume 3〉의 마지막 장면에서는 노웨어 행성의 시민들이 모두 신명나게 춤을 추는 사이 피터 퀼이 집으로 돌아가는 것으로 마무리가 된다.

대사나 상황이 반복되는 연출은 간단히 그 인물이나 장면을 의미 있게, 또 이해하기 쉽게 만든다. 〈아이언맨〉에서 오베디아 스탠은 시상식에 불참한 토니 스타크 대신 단상에 올라가 "나는 토니 스타크가 아닙니다"라고 운을 띄우면서 대리 소감을 시작한다. 얄궂게도 이 대사는 오베디아 스탠이 그의 부하에게 '왜 토니 스타크처럼 아크 원자로 개발을 성공하지 못하냐'고 닦달할 때 부하가 하는 변명을 통해 반복된다. 오베디아 스탠이 토니 스타크에게 은밀하게 갖고 있던 열등감과 경쟁의식이 처음에는 농담으로 표출되었다가 나중에는 폐부를 찌르는 한마디로 되돌아온 것이다.

이러한 반복은 캐릭터의 성격을 강조하고 선명하게 보여줄 때도 활용된다. 캡틴 아메리카는 시리즈 내내 어떤 불리한 상황에서도 다시 일어나 "하루 종일이라도 할 수 있어"라고 읊조린다. 이는 그가 가진 불굴의 정신과 정의를 향한 의지를 보여주는 시그니처 같은 대사다.

어떤 반복은 복선으로도 활용된다. 〈가디언즈 오브 갤럭시〉에서는 피터 퀼이 파워 스톤을 봉인해놓은 장치인 오브를 다른 물건과 바꿔치기하는 장면을 반복해서 보여준다. 그 때문에 마지막 장면에서 욘두가 오브를 열어 그 안에 귀여운 인형이 들어 있는 모습을 보고 웃을 때, 관객들 또한 '피터 퀼이 이번에도 기지를 부렸구나' 깨닫게 된다. 만약 이러한 반전이 갑작스레 나왔다면 뜬금없고 편의주의적인 전개로 보일 수도 있었을 터이나, 피터 퀼이 재주를 부리는 장면이 앞서 몇 번이고 있었기에 이 장면은 손쉽게 개연성을 획득할 수 있었다.

　몇 번이고 반복되는 장면은 웃음을 유발하기도 한다. 대표적으로는 〈캡틴 아메리카: 윈터 솔저〉에서 캡틴 아메리카가 쉴드 내에 잠입한 하이드라 요원들과 엘리베이터 안에서 난투를 벌였던 장면이 반복된 경우다. 이 장면은 〈어벤져스: 엔드게임〉에서 과거로 돌아가 또 다시 하이드라 요원들과 한 엘리베이터에 탄 캡틴 아메리카가 이번에는 "하일 하이드라!"라고 속삭이는 기지를 부려 물리적 충돌 없이 치타우리 셉터를 빼돌리는 장면으로 재연된다. 〈어벤져스〉에서 헐크가 토르에게 한 방 먹이는 장면이 〈어벤져스: 에이지 오브 울트론〉에서 아이언맨이 헐크에게 한 방 먹이는 장면으로 반복된 경우도 꼽을 수 있을 것이다. 또 쉽게 지나칠 수 있으나 〈어벤져스: 엔드게임〉에서 호프 밴다인이 캡틴 아메리카를 '캡'이라고 부른 다음 스콧 랭을 보며 웃는 장면은 〈앤트맨과 와스프〉에서 스콧 랭이 캡틴 아메리카와 친한 사람들은 그를 '캡'이라고 부른다고 너스레 떤 장면에 대한 반복이기도 했다. 이 장면들은 그 자체로 코믹하기도 하지만 각 장면을 기억하는 관객에게는 추억을 떠올리게 해 더욱 유쾌하게 다가온다.

반복은 대칭과 어우러져 감동을 줄 때도 있다. 〈캡틴 아메리카: 시빌 워〉에서 캡틴 아메리카는 스파이더맨과 붙은 뒤 그에게 배짱 하나는 두둑하다며 어디 출신이냐고 묻는다. 스파이더맨이 퀸즈라고 대답하자 캡틴 아메리카는 잠깐 웃은 뒤 자신은 브루클린에서 왔다고 답한 뒤 자리를 뜬다. 별것 아닌 것처럼 보이는 이 장면은 사실 〈퍼스트 어벤져〉에서 스티브 로저스가 에이브러햄 어스킨을 처음 만나 그의 독일 억양을 듣고서 어디 출신인지 물은 장면의 반복이다. 캡틴 아메리카가 스파이더맨의 대답에 웃은 이유는 당시 에이브러햄 어스킨도 퀸즈라고 대답했던 기억을 떠올렸기 때문이기도 하다. 그렇기에 이 장면은 그저 지역 주민 간의 친교를 넘어, 에이브러햄 어스킨이 스티브 로저스에게 했던 것과 같이 캡틴 아메리카가 스파이더맨에게 슈퍼히어로로서의 자격을 묻는 것이자, 다음 세대에게 윗 세대의 의지를 전달하는 장면으로도 해석할 수 있는 것이다.

이렇게 반복과 대칭이 어우러지는 장면은 〈토르: 라그나로크〉에서도 찾을 수 있다. 이 작품에서는 토르가 로키에게 물건을 집어던지는 장면이 대칭을 이루어 세 번 등장한다. 첫 번째 장면에서 사카아르의 투기장에 갇힌 토르는 자신 앞에 나타난 로키에게 돌멩이를 던지지만, 돌멩이가 그의 몸을 통과해 환각임을 깨닫는다. 두 번째 장면에서는 정반대로 토르가 발키리에 의해 구금된 로키가 실체인지 환각인지 확인하기 위해 깡통을 던진다. 마지막 장면에서 아스가르드를 탈출한 토르는 자신 앞에 나타난 로키를 환각이라 생각하고 병뚜껑을 던졌다가 그가 실체임을 확인하게 된다. 매 장면은 모두 코믹하게 연출되고 반복되지만 상황과 의미가 대칭을 이루어 깊은 감동으로 연결된다.

 ## 복선으로 연결하라

복선은 MCU처럼 긴 호흡에 큰 스케일을 갖춘 시리즈에서 사용할 때 효과가 배가된다. 복선은 앞선 장면에서 얼핏 스쳐 지나간 내용을 이후의 장면에서 다른 형태로 재해석해 작품 혹은 시리즈 전체를 되돌아보게 만든다. 그리고 MCU처럼 복잡한 시리즈는 이렇게 전체를 되돌아보게 만드는 장면이 나올 때 다른 시리즈들에 비해 더 많은 내용을 떠올리게 하고, 머나먼 이후의 내용에까지 기대감을 쥐여준다.

복선은 다양한 형태로 등장한다. 예언, 경고, 우화, 농담, 저주, 꿈과 같이 직설적인 방식, 지나가며 들은 한마디나 뉴스처럼 간접적인 방식 모두 복선을 만들 때 쓰기 편리한 장치들이다.

이런 복선은 무엇보다 MCU의 이후 시리즈를 기대하게 만든다. 〈아이언맨〉에서 제임스 로드(워머신)가 아이언맨 슈트를 탐나는 듯이 쳐다보다 "다음 기회에!"라 말하며 자리를 뜨는 장면은 속편에서 그가 슈퍼히어로로 데뷔하리라는 기대감을 심어준다.

엔딩 크레딧이 올라간 뒤 나오는 쿠키 영상에서도 기대감을 키우는 복선이 자주 등장한다. 〈인크레더블 헐크〉에서 토니 스타크가 로스 장군과 교섭하는 장면이나 〈블랙 위도우〉에서 언니 나타샤의 묘비를 찾은 옐레나에게 CIA 국장인 발렌티나가 접근하는 장면은 후속작의 내용을 예상하고 기다리게 만든다.

또 복선은 스쳐 지나가기만 해도 재미난 장치가 된다.

〈앤트맨과 와스프〉의 초반, 스콧 랭이 가택연금 중에 《잘못은 우리 별에 있어》라는 책을 읽으며 훌쩍이는 장면이 잠깐 나온다. 이 소설은 암 투병 중인 열여섯 살 여자아이 헤이즐의 성장담을 담고 있다. 굳이 스콧 랭이 이 책을 읽는 장면이 나온 이유는 그가 곧 헤이즐과 마찬가지로 불치병에 시달리는 빌런 고스트를 만날 것이며, 그와 적대 관계에만 머무르지 않을 것이라는 암시를 남기기 위해서다. 물론 관객들은 이 장면이 처음 나온 순간 이후의 전개를 예상하거나 짐작하지는 못할 것이나, 〈앤트맨과 와스프〉의 감상을 마치고 되짚어볼 때 처음부터 이후의 전개가 예비되었음을 깨닫고 놀라게 된다.

스쳐 지나가는 복선은 더 큰 스케일로도 활용할 수 있다. 〈어벤져스: 에이지 오브 울트론〉에서 어벤져스의 영웅들은 완다 막시모프에 의해 악몽을 꾸게 된다. 이 악몽 속에서 토니 스타크는 자신을 제외한 동료들이 전부 죽는 결말을 봤고, 나타샤 로마노프는 암살자로 훈련받던 시절의 기억에 갇힌 데다, 스티브 로저스는 제2차세계대전 당시의 파티에 참석해 페기 카터와 약속했던 춤을 췄으며, 토르는 헤임달로부터 그가 아스가르드를 지옥으로 이끌 것이라는 힐난을 듣는다.

이 악몽은 이후 인피니티 사가가 진행되는 동안 모두 현실이 된다. 토니 스타크는 〈어벤져스: 인피니티 워〉에서 피터 파커가 먼지로 화하며 동료를 지키지 못한 순간을 경험해야만 했고, 나타샤 로마노프는 〈블랙 위도우〉에서 다른 블랙 위도우들을 구하기 위해 자신이 훈련받았던 레드룸에 다시 들어갔으며, 토르는 〈토르: 라그나로크〉에서 라그나로크를 일으켜 아스가르드를 파괴한다. 스티브 로저스 역시 〈어벤져스: 엔드게임〉에서 시간여행을 통해 페기 카터를 만나 함께 춤을 추는 것으로 여정을 마무리한다.

경우에 따라 파멸을 암시하는 예언이 훗날 긍정적인 형태로 재해석되기도 한다. 특히 〈토르: 라그나로크〉에서는 아스가르드가 수르트가 일으킨 라그나로크에 의해 멸망할 운명이라는 사실이 밝혀지고, 토르가 이 예언을 회피하려 수르트를 쓰러뜨리는 것으로 이야기가 시작된다. 하지만 결말에서 토르는 헬라를 막기 위해 수르트를 부활시켜 라그나로크를 일으키고 아스가르드의 멸망이라는 예언을 달성한다. 그러나 이는 토르의 선택이 오히려 아스가르드 국민의 생명과 우주의 미래를 지키기 위한 큰 희생이었다는 극적인 반전을 연출한 것이다.

물론 이 모든 결말이 〈어벤져스: 에이지 오브 울트론〉 때부터 정해졌다고 할 수는 없을 것이다. 영화를 제작하는 과정에서는 온갖 변수들이 더해지니 말이다. 이런 복선에 대한 분석은 그저 우연히 맞아떨어진 것이거나 관객들의 과잉 해석일 가능성 또한 있다.

무엇보다 모든 복선이 완벽하게 맞아떨어질 필요는 없다. 시리즈가 길게 이어지는 와중에 모든 복선을 만족스럽게 회수하기란 쉽지 않은 일이기도 하거니와, 복선은 이후에 그 내용이 맞아떨어질지 빗나갈지를 흥미롭게 지켜보게만 하더라도 충분히 그 역할을 다한 것이기 때문이다.

많은 창작자들이 후속편을 만드는 과정에서 전편의 의미심장한 장면을 다시 찾아본 뒤 사후적으로 그 장면이 복선이었던 것처럼 만들기도 한다. 애초에 모든 것이 완벽하게 예비되고 계획된 창작은 불가능하다. 그러니 과거에 복선을 넣었다고 해서 그 복선을 회수하기 위해 현재의 전개를 무너뜨리는 것은 본말이 전도되는 일이며, 어디까지를 복선에 의지하고 어디서부터 임기응변을 더할지는 필요와 상황에 따라 결정해야 한다.

예를 들어 〈캡틴 마블〉에서 닉 퓨리는 자신은 절대로

사선으로 자른 토스트를 먹지 못한다고 고백한 바 있으나, 〈어벤져스: 에이지 오브 울트론〉에서는 본인이 직접 샌드위치를 사선으로 잘라 먹는 장면이 나온 적이 있다. 이 장면을 두고 팬덤에서는 당시의 닉 퓨리는 본인이 아닌 스크럴족이 위장한 모습일 것이라는 가설을 세우기도 했다. 이 가설이 실제건 아니건, 이런 논쟁을 부른 것만으로도 이 장면은 충분히 재미를 이끌어낸 것이다.

복선이 회수되지 않은 경우에도 관객들은 후속작에서 이에 대한 설명이 나오지 않을까 예상하며 작품에 대한 기대를 키우기도 한다. 다만 이런 기대감은 어디까지나 이후에 나올 장면에 대한 기대감을 빌려와서 쓰는 것이기에, 회수되지 않고 방치된다면 이 기대감은 더 큰 실망감으로 돌아오게 된다는 점은 주의해야 한다.

설명은
재미있어야 한다

MCU의 가장 큰 특징이자 성과는 오랜 세월 몇 십 편에 달하는 시리즈를 연달아 제작했다는 것이다.

그렇기에 MCU는 처음 시리즈를 접하는 관객이나 오랜만에 작품을 다시 보게 된 관객에게 전달해야 하는 정보가 무척이나 많다. 이 압도적인 정보량은 그 자체로 강한 매력이지만 동시에 진입 장벽으로도 작용한다.

그래서 MCU는 등장인물과 세계관의 복잡한 관계와 역사를 전달하기 위해 다양한 방법으로 설정을 설명해야 했다. 이 설명은 단순히 정보를 나열하는 것만으로는 지루하고 따분해지기 십상이기에, MCU는 여러 가지 연출을 통해 설정을 재미있게 전달한다. 여기서는 많은 정보량을 압축적으로 전달할 수 있는 연출 방법을 몇 가지 정리하고자 한다.

뉴스와 신문

21세기가 되었어도 정보를 가장 간결하고 명확하게 전달하는 매체는 뉴스와 신문이다. 공신력을 가진 언론사가 육하원칙에 따라 사건을 정리해 시민들에게 설명하는 장면을 집어넣으면 관객들도 덩달아 전후 사정을 뚜렷이 파악하게 된다. 이러한 효과 때문에 〈어벤져스〉의 엔딩을 비롯해 MCU의 곳곳에서 뉴스 속 기자가 시민을 인터뷰하는 장면이나 사람들이 신문을 읽는 장면이 들어간다.

재판과 심문

뉴스와 신문만큼이나 정보를 간결하고 명확하게 전달하며 공적 시스템에까지 연관된 매체가 있다. 법원의 판결문과 경찰서의 조서다. 〈앤트맨과 와스프〉에서는 FBI 요원 지미 우가 캐시 랭에게 아빠 스콧 랭에 대한 법적 구속 조치의 정당성을 설명해주는 코믹한 장면이 나온다. 이는 무척이나 딱딱하고 설명조였지만, 그만큼 〈캡틴 아메리카: 시빌 워〉 이후 스콧 랭에게 일어난 일들을 빠르게 정리해서 관객들에게 들려줄 수 있었다. 마찬가지로 〈변호사 쉬헐크〉의 법정 신들은 에피소드의 핵심 등장인물이 겪고 있는 주요 갈등을 판사의 입을 통해 빠르게 설명하고 넘어가고는 한다. 더불어 이러한 재판이나 심문의 과정이 〈토르〉 시리즈의 아스가르드 왕궁이나 〈로키〉의 시간변동관리국과 같은 독특한 설정의 집단에서 이뤄질 경우, 그 장면은 그 사회의 제도적 시스템을 보여줌으로써 세계관에 대한 정보를 추가로 전달한다.

학술 정보

학교 수업과 박물관 전시 장면 등에 나오는 학술 정보 또한 공적인 정보 전달의 방식이다. 무엇보다 SF적 소재에 대한 과학적 설정을 전달할 때는 연구자가 일반인을 향해 강의하는 수준의 난이도로 설명해야 한다. 〈앤트맨과 와스프〉에서 과학자 빌 포스터가 대학 강단에 서서 양자역학에 대해 강의하는 장면은 이에 딱 들어맞는 예시다. 작품의 전개를 이해시키려면 양자역학이라는 복잡한 과학 이론을 겉핥기로나마 관객들에게 전달해줄 필요가 있었기에 이런 강의 장면이 필요했던 것이다.

또한 MCU의 역사가 길어지면 길어질수록 이 세계관 속의 역사 수업이나 박물관은 작품 밖 현실과 다른 내용을 담게 된다. 〈캡틴 아메리카: 윈터 솔져〉에서 스티브 로저스와 버키 반즈는 각자 박물관에 가서 제2차세계대전 당시 자신들의 활약상이 기록된 전시를 관람한다. 이 장면 또한 그들의 영웅적 행보가 어떻게 역사의 기록으로 남았는지를 설명하는 동시에 전편에서 일어난 일을 매끄럽게 소개한다.

극중극

〈토르: 라그나로크〉에서는 오딘으로 변장한 로키가 자신의 영웅적인 순간을 그린 연극을 관람하는 장면이 나온다. 이 장면은 아주 요약적으로 〈토르: 다크 월드〉에서 일어난 사건들을 전달하면서 로키의 오만방자하며 방약무인한 성격까지 보여준다. 이렇게 극중극은 아주 손쉽게 정보를 압축해서 전달하는 동시에, 실제 있었던 일을 있는 그대로 보여주는 것이 아니라 각색가의 시선과 입장을 적극 반영해 묘사한다는 점에서 또 다른 재미를 준다.

의식

〈토르: 천둥의 신〉의 초반부에서는 아스가르드의 계승식 전경과 함께 오딘의 대사를 통해 토르가 왕좌에 앉을 후계자이자 묠니르를 들 자격을 가졌음이 입증된다. 비록 이 계승식은 서리거인의 습격으로 중지되었지만, 이 짧은 의식 중에서도 토르와 오딘과 로키 사이의 묘한 긴장, 토르의 미성숙한 성격, 그의 동료들의 면면이 직관적으로 이해되도록 장면이 배치되었다.

〈아이언맨〉의 초반부에서는 라스베이거스의 한 시상

식에서 토니 스타크를 수상자로 소개하는 장면이 나온다. 이 장면에서 토니 스타크에 대해 설명하는 주최측의 프레젠테이션이 나오는데, 이 또한 주인공이 어떤 사람이고 어떤 과거를 갖고 있는지를 간단히 요약해서 보여준다. 이 시상식 장면은 무척이나 기능적으로 잘 설계되어 있다. 이후 토니 스타크가 시상식에 불참해 오베디아 스탠이 대리로 수상하는 장면과, 그 사이 도박장에서 신나게 주사위를 굴리는 토니 스타크의 모습을 보여주며 각 인물 사이의 관계와 성격까지도 피부에 와닿게 묘사한 것이다. 더하여 이러한 의식 장면들의 화려하거나 장엄한 분위기는 시각적인 즐거움까지 전달한다.

인터뷰

〈아이언맨〉에서 토니 스타크는 카지노를 빠져나오다 기자를 만나 군수산업의 윤리적 책임에 관한 곤혹스러운 질문 세례를 받는다. 이러한 인터뷰는 그 인물이 감추고 싶어 하거나 불리하다 생각하는 점은 무엇이며, 또 인물이 그에 대해 어떻게 반응하는지를 보여준다.

한편 인터뷰를 진행하는 것은 기자만이 아니고, 인터뷰의 효과 또한 다양할 수 있다. 〈앤트맨〉에서 스콧 랭은

일하던 아이스크림 가게에서 해고되기 전에 점장과 짧은 면담을 나눠야 했다. 점장은 스콧 랭이 비록 전과자이기는 하나 정의로운 의적이었다며 추켜세워주고, 이러한 보증은 곧 관객들이 스콧 랭을 안타깝게 여기고 응원하도록 만들어준다. 특히나 진학이나 취업을 위한 면접 경험이 있는 관객이라면, 이런 장면에서 주인공에게 더 쉽게 공감할 수 있다.

작전 회의와 작전 중계

미션을 준비하며 주인공과 동료들이 모여 진행하는 작전 회의 장면과 미션을 수행하는 도중 상황을 공유하는 작전 중계 장면은 모두 관객들에게 매끄럽게 정보를 전달하는 장치들이다. 〈가디언즈 오브 갤럭시〉에서 피터 퀼이 자신의 동료들과 라바저스와 노바 군단에게 로난의 침략을 막고 오브를 탈취하기 위한 작전을 브리핑하는 장면은 이후 일어날 사건이 얼마나 심각한지 짐작하게 해주고, 또 어떻게 해야 미션을 성공시킬 수 있는지 그 조건들을 전달해준다. 〈아이언맨〉 시리즈의 자비스나 〈스파이더맨〉 시리즈의 캐런과 같은 인공지능 내비게이터의 중계 또한 마찬가지로 주인공과의 대화를 통해 정보를 빠르게 전달하는 역할을 맡는다.

대화

무언가를 잘 아는 사람이 잘 모르는 사람에게 대화를 통해 하나하나 가르쳐주는 장면은 어떤 작품에서건 쉽게 찾아볼 수 있다. 영화를 만들 때 어떤 창작자도 대상 관객층이 영화에 나오는 기본 개념이나 과학 지식을 모두 숙지하고 있으리라고 상정하지는 못할 것이다. 그렇다면 작품 이해에 필요한 핵심적인 내용들을 설명해주는 장면은 반드시 넣어야 하고, 그중 가장 간단한 방법은 무언가를 잘 아는 사람이 잘 모르는 사람에게 하나하나 가르쳐주는 장면을 담아 관객들이 잘 모르는 사람의 입장에서 이야기를 따라가게 만드는 것이다.

〈캡틴 마블〉에서는 기억을 상실한 채 크리 제국에 소속돼 지구의 사정을 모르는 캐롤 댄버스와 우주의 세력권이 어떻게 형성돼 있는지 알지 못하는 닉 퓨리가 대화하는 장면을 통해 각자의 정보를 관객에게 효율적으로 전달한다.

〈블랙 팬서〉는 아예 한 소년이 자신의 아버지에게 와칸다의 역사에 대해 질문하고 그에 대한 설명을 듣는 것으로 이야기가 시작된다. 이 문답은 와칸다가 계속해서 정체를 숨기고 있다는 아버지의 설명에 소년이 왜 그래야 하느냐고 묻는 것으로 끝난다. 〈블랙 팬서〉의 전체 내용은 바로 이 소년, 에릭 킬몽거의 질문에 대한 대답이기도 하다.

 ## 연설과 논쟁으로 드러내라

언급하기에 너무나 뻔하다고 여길 수 있겠으나, 연설과 논쟁은 그만큼 효과적인 장면이기에 간략히 정리해본다. 흔히 연설과 논쟁 장면은 유치하고 민망하다는 식으로 과소평가된다. 하지만 이는 연설과 논쟁 장면을 매력적으로 만드는 데 실패한 것일 뿐, 그런 장면이 불필요하다는 반증은 되지 못한다. 오히려 연설과 논쟁은 생각 이상으로 제대로 만들기 어렵지만 그럼에도 도전할 가치가 있는 장면이라고 보는 편이 옳을 것이다.

주인공이 연설을 하는 경우, 그 장면은 그가 얼마나 결연하고 올바른지 청중을 설득하는 동시에 관객들의 마음을 사로잡도록 설계되어야 한다. 〈캡틴 아메리카: 윈터 솔져〉에서 캡틴 아메리카는 쉴드 내 전체 방송을 통해 쉴드 안에 하이드라가 숨어들었다고 알리며, 쉴드의 요원들이 자신과 함께 그들과 싸워주기를 감동적인 연설과 함께 요청한다. 이 장면은 관객들에게도 울림을 줄뿐 아니라 작품 안에서도 중요한 전환점이 된다. 쉴드의 요원들이 캡틴의 명령을 따라야 한다며 하이드라 요원들을 가로막은 것이다.

반대로 빌런이 연설을 하는 경우, 그 장면은 그가 얼마나 커다란 야망을 갖고 있는지 보여주는 동시에 그 야망이 달성된다면 얼마나 끔찍한 비극이 초래할지 두렵게 만들어야 한다. 〈블랙 팬서〉에서 에릭 킬몽거는 와칸다가 방임주의를 벗어나 제국주의의 길로 가야만 한다고 설파하고, 〈어벤져스: 인피니티 워〉에서 타노스는 우주의 생명체 절반이 사라져야 할 필요성을 역설한다. 그들의 폭력적인 주장은 곧 주인공이 이를 막아야 하는 당위를 설명해주는 장면이 된다.

논쟁은 여러 인물의 의견 및 입장 차이를 보여주는 도구다. 인물들이 논쟁하는 장면은 사태가 얼마나 심각하며 급박한지, 개별 인물들의 생각이 어떻게 다르면서도 비슷한지를 보여주면서 관객들의 이입을 이끌어낸다. 토르가 〈어벤져스〉에서 로키를 붙잡고 왕의 자격이란 무엇인지 언쟁하는 장면이나 〈토르: 라그나로크〉에서 헬라와 아스가르드의 역사에 대해 논쟁하는 장면은 어째서 로키나 헬라가 아닌 토르에게 왕의 자격이 있는지를 보여준다.

이와 반대로 주인공이 논쟁 끝에 자기모순을 깨닫는 경우도 있다. 〈블랙 팬서: 와칸다 포에버〉에서 슈리는 자신이 제조한 인공 허브를 먹고 죽은 가족들의 환상을 만나길 기대하나, 정작 그가 마주한 것은 부모님이나 오빠 티찰라가 아닌 사촌, 에릭 킬몽거였다. 슈리는 티찰라와 같이 나라를 위하는 블랙 팬서가 될 것인지, 자신처럼 개인적 복수를 위해 블랙 팬서의 힘을 사용할 것인지 묻는 에릭 킬몽거와 논쟁한다. 이 논쟁을 통해 슈리는 자신이 티찰라가 아닌 에릭 킬몽거와 닮아 있다는 사실을 깨닫는다. 이는 슈리가 복수심에 사로잡힌 스스로를 성찰하면서도 그로부터 벗어나지 못하는 딜레마를 완벽하게 설명해주는 장면이다.

유머는 언제나
유용하다

　　유머는 어느 장르에서나 유용한 무기다. 유
머는 아주 손쉽게 재미를 주기 때문에 호러와 스릴러부
터 로맨스에 이르기까지, 유머러스한 장면은 어느 장르
에도 어색하지 않게 끼어든다. 어쩌면 MCU의 감독 중
에 코미디 영화를 연출한 감독이 많은 것도 의도적인 배
치일지도 모른다.

　유머는 단순한 재미를 떠나 작품이 너무 긴장으로 가
득하지 않게 이완시켜주며, 자연스럽게 장면이 전환되
는 분위기를 형성한다. 〈토르: 라그나로크〉에서 토르는
발키리에게 영웅다운 행동이란 무엇인지에 대해 훈계하
듯 설명한다. 한껏 폼을 잡은 그는 들고 있던 공을 던져
창문을 깨부순 뒤 밖으로 빠져나가려 하나, 오히려 튕겨
진 공에 얼굴을 맞고 고통스러워 한다. 이 장면은 아주
단순한 슬랩스틱 코미디의 장면이지만 동시에 토르가
연설을 하는 도중 잔뜩 올라간 긴장을 풀어내고 사카아
르 도시를 가로지르는 다음 장면을 좀 더 편하게 보도록
돕는다. 우스운 장면으로 숨을 고른 다음 관객들의 감정

을 초기화한 뒤 장면을 전환한 것이다.

　인물의 성격과 인물 사이의 관계를 보여줄 때도 유머는 유용하다. 어떤 인물이 무엇에 웃고 또 부끄러워하는지는 그 인물을 파악하는 중요한 기준이다. 〈어벤져스: 에이지 오브 울트론〉에서 캡틴 아메리카가 팀원들에게 고운 말을 쓰라고 지적하자 작품 내내 다른 팀원들이 이에 대한 농담을 던지던 장면을 떠올려보자. 이렇게 코믹한 장면은 개별 인물의 성격을 보여주는 동시에 어벤져스 구성원들 사이의 밝은 분위기를 짐작케 한다.

　〈아이언맨〉에서 토니 스타크가 더미와 인공지능들과 함께 아이언맨 슈트를 만들면서 벽에 부딪히거나 차를 박살내는 시행착오를 반복하는 장면도 비슷한 예다. 여기서 토니 스타크는 어린아이가 레고 장난감을 갖고 노는 것처럼 신나 보이는 동시에 그에게 사람들과 관계 맺을 때는 보여주지 않던 천진한 면모가 있다는 점 또한 보여준다. 누군가가 가장 자연스럽고 편안한 웃음을 짓는 순간, 우리는 그를 이해하게 되는 것이다.

　또한 복잡한 정보를 전달하는 장면에 유머가 병행되면 지루한 설명을 유쾌하게 웃어넘길 수 있다. 〈앤트맨〉

에서 루이스가 스콧 랭에게 그 특유의 억양이 더해진 빠른 입담으로 산만하게 상황을 설명하는 장면이나, 〈앤트맨과 와스프〉에서 지미 우가 캐시 랭에게 스콧 랭이 가택연금 형벌을 받게 된 계기와 절차에 대해 법률 용어를 쏟아내며 설명하는 장면 모두 정보를 엉망으로 전달하면서도 핵심은 놓치지 않는다는 점에서 그 자체로 재미를 유발한다.

비유적 이미지와 상징으로 보여줘라

SF에는 특유의 재미난 전개가 있다. 평범한 로맨스물에서 주인공이 연인에게 '나는 너를 천년만년 사랑할 것이며 너를 위해서라면 저 하늘의 별도 따다줄 수 있다'고 말할 때, SF에서는 은하 제국의 황제가 정말로 영생을 살면서 연인에게 행성의 소유권을 선물한다. SF다운 거창한 스케일에서는 이런 비유가 비유에 그치지 않고 실제 사건으로 일어날 수 있는 것이다. 이렇게 비유적인 이미지는 무척이나 직관적으로 감정을 전달한다. 관용적으로 사용되는 과장된 표현을 실제 사건으로 보여줘 훨씬 크고 격렬한 감정을 담을 수 있기 때문이다.

MCU 또한 SF이기에 이런 재미를 담은 장면이 자주 등장한다. 〈캡틴 아메리카: 시빌 워〉에서 스티브 로저스는 버키 반즈가 헬리콥터를 타고 떠나려 할 때 초인적인 힘으로 헬리콥터를 붙잡고 그가 떠나지 못하도록 막는다. 이는 그가 말 그대로 '온몸이 찢어지는' 한이 있더라도 친구를 놓지 않고 싶은 감정을 고스란히 보여준다.

이런 비유적 이미지는 MCU에서 자주 활용되는 연출 방법이다. 토니 스타크가 〈아이언맨〉에서 오베디아 스탠에게 아크 원자로를 빼앗기는 장면은 '심장이 뽑히는 듯한 충격'을, 토르가 〈토르: 라그나로크〉에서 오딘의 환영을 본 뒤 아스가르드의 국민들을 구하기 위해 힘을 각성하고 천둥을 내리는 장면은 '벼락처럼 화가 났음'을 보여주는 것이다.

이와 비슷한 궤로 상징 또한 시각적인 이미지를 통해 입체적인 의미를 전달한다. 〈닥터 스트레인지〉 시리즈에서는 닥터 스트레인지가 전 연인 팔머가 선물했던 부쉬

진 시계를 소중히 여기는 장면이 나온다. 이 시계는 사랑하는 연인과의 추억과 영광스러운 시절이 이제는 더 이어지지 않은 채 과거에 박제되었음을 상징하는 동시에 닥터 스트레인지가 아가모토의 눈을 통해 시간을 관장하는 존재라는 상징이기도 하다.

이러한 상징은 시각적 이미지만이 아니라 인물이 처한 상황과도 연결되어 주제를 전달하고는 한다. 〈퍼스트 어벤져〉의 핵심적인 상징은 바로 '무대'이다. 작품 초반, 평범한 시민이었던 스티브 로저스는 그저 관객의 입장에서 극장의 무대를 바라볼 뿐이었다. 그 후 슈퍼 솔저 혈청으로 초인적인 힘을 얻게 된 뒤 그는 채권 판매를 위한 무대의 배우가 되어 캡틴 아메리카를 연기했고, 그런 광대놀음에 만족할 수 없었던 스티브 로저스는 버키 반즈를 구출하기 위해 무대에서 뛰쳐나가 진정한 영웅이 되는 데 성공한다. 결말 부근에서 그는 빙하에 갇혔다가 쉴드에서 마련한 1940년대의 무대 세트장에서 깨어나고, 그곳을 다시 한 번 박차고 나가지만 21세기 브로드웨이의 무대 간판들로 가득한 거리에 갇히고 만다. 다행히 스티브 로저스는 닉 퓨리를 만나 자신을 방금까지의 기만적인 쇼에 끌어들인 것에 대해 사과받으나,

그는 나지막하게 무대에서 함께 춤추기로 했던 페기 카터와의 데이트 약속에 가지 못했다고 읊조리며 회한에 잠긴다.

- - - - - - - - - - - - - - - - -

- 일상적 비일상과 비일상적 일상을 활용해 세계관을 효과적으로 전달할 수 있다.

- 액션 장면은 단순한 볼거리를 넘어 인물의 감정이나 설정의 전달, 긴장의 조절 등 다양한 용도로 활용할 수 있다.

- 대칭과 반복은 인물, 설정, 사건을 더욱 강조하고 선명하게 만든다.

- 복선은 시리즈에 대한 몰입도와 기대감을 높일 수 있는 장치다.

- 복잡한 정보를 설명할 때는 장면이 지루해지지 않도록 다양한 연출을 더해야 한다.

- 연설과 논쟁은 인물들의 성격이나 가치관을 날카롭게 드러낸다.

- 유머는 작품의 이완을 조절하고 인물들에 대한 정보를 준다.

- SF의 비유적 이미지와 상징을 통해 격렬한 감정이나 주제를 전달할 수 있다.

✏ 실전 연습

- -

1. 당신의 작품 속 세계관을 잘 전달하는 일상적 비일상
   과 비일상적 일상의 사례를 설정해보자.

2. 당신의 작품 속 각각의 액션 장면은 단순한 볼거리를
   넘어 어떤 역할을 하는가? 두려움, 확신, 분노 등의 감
   정적인 변화가 액션 장면에 반영될 수 있도록 어떤 연
   출을 추가할 수 있을까?

3. 당신의 작품 속 주인공과 빌런, 과거의 사건과 현재의
   사건, 첫 장면과 마지막 장면 등에 대칭을 이루거나 반
   복되는 요소를 더해보자.

4. 당신의 작품 속에서 이후의 전개를 암시하는 복선이
   있는가? 독자가 인식하지 못할 수도 있는 미묘한 복선
   (대사, 소품, 뉴스, 신화 등)을 추가할 수 있는가? 복선을 어
   떤 방식으로 회수할 것인가?

5. 당신의 작품을 이해하려면 관객에게 어떤 정보가 필요
   한가? 그것을 가장 효과적으로 전달하는 연출은 무엇
   인가?

6. 당신의 작품이 조성하는 긴장과 이완의 흐름을 점검해
   보자. 관객들을 지나치게 긴장시키거나 이완시키는 부
   분은 없는가? 긴장을 풀어주기 위한 절묘한 유머를 구
   상해보자.

"위기의 순간에 우매한 자는 벽을 쌓지만
현명한 자는 다리를 짓습니다."

—〈블랙 팬서〉, 티찰라

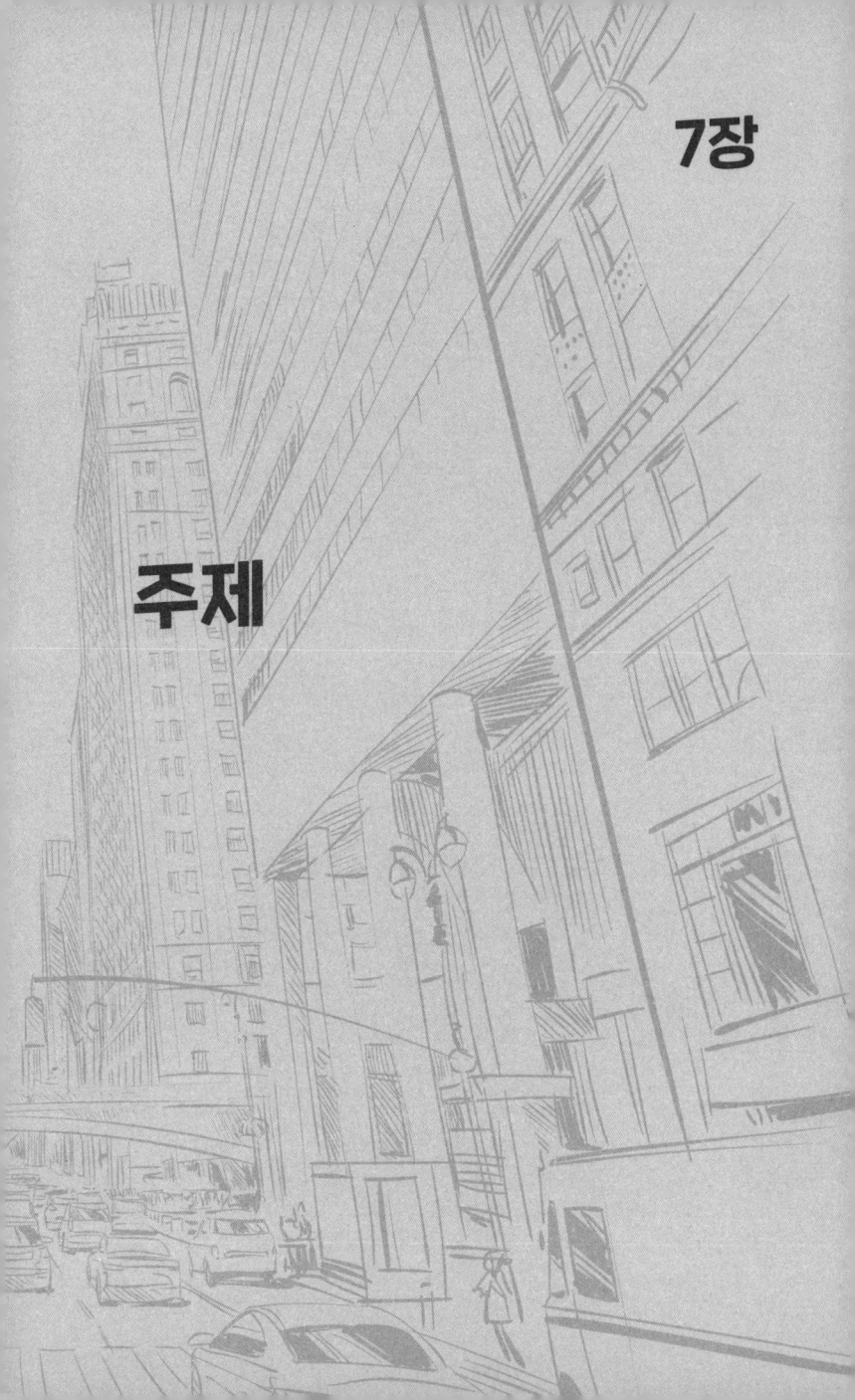

7장

주제

주제가 하는 일

　　　적지 않은 사람들이 작품의 주제와 재미는 상충한다고 생각한다. 주제에 집중하면 재미가 없어지니, 창작을 할 때 절대로 작품의 주제를 정해서는 안 되며 스토리의 재미만을 추구해야 한다는 주장 또한 심심찮게 보인다. 물론 상업 작품에서는 주제가 작품에 복무하는 것이 작품이 주제에 복무하는 것보다 더 목적에 부합하는 창작론임은 맞다. 하지만 주제가 아예 없어야 재미있다는 주장은 논리적 비약이다. 주제를 배척한다고 없는 재미가 생겨날 리 없다. 더욱이 우리는 이미 MCU를 통해 주제와 재미의 두 마리 토끼를 다 잡은 작품을 많이 봐오지 않았는가?

　주제는 그렇게까지 중요한 것은 아니지만 그렇게까지 무시해야 할 것도 아니다. 주제에는 그 나름의 역할과 기능이 있다. 다만 주제가 작품의 가치를 결정하는 유일한 기준이 아닐 뿐이다. 실제로 어떤 작품은 주제가 따분해서 생긴 공백을 다른 장점을 통해 극복하고, 어떤 작품은 주제가 신선해서 다른 단점을 가리기도 한다. 이렇게 주제는 작품을 이루는 수많은 요소 중 하나라는 인식만 있어도 그러한 '주제 공포증'에서 충분히 벗어날 수 있다.

여기서는 주제가 갖는 사회적인 의미나 시대를 관통하는 메시지 등의 기능은 제외하고, 주제가 작품의 내적인 완성도에 어떻게 기여하는지에 대해서만 주목했다.

주제는 이야기에 통일성을 부여한다. 하나의 메시지가 중심에 자리 잡으면 모든 등장인물과 사건이 이 메시지로 수렴하면서 이야기의 전체적인 구조에 일체감이 생긴다. 특히 슈퍼히어로물에서 주인공과 빌런의 대결 구도는 주제에 대한 입장 차를 다루는 경우가 많기 때문에, 주제는 두 주요 인물 사이의 갈등을 구체적으로 제시하고 심화하는 기능을 한다.

〈블랙 팬서〉의 주제 중에는 강대국의 책임과 의무에 대한 질문이 있다. 나키아는 와칸다를 개방해 더 많은 사람을 돕기를 요구하고, 에릭 킬몽거는 와칸다가 침략 전쟁을 펼쳐 흑인에 대한 인종차별에 보복해야 한다고 주장한다. 아프리카 전통문화를 재해석한 가상의 국가 안에서 다양한 인물과 집단이 서로의 이해관계로 인해 충돌을 반복하지만, 선명한 주제가 있기에 하나의 질문을 중심으로 이야기가 뭉쳐지는 것이다. 결국 전통에 따라 와칸다를 폐쇄적으로 통치하려 했던 티찰라는 이 상반된 주장에 대해 고민하며 와칸다가 앞으로 어떤 변화를 일구어갈지 선택하게 된다. 식민주의와 인종차별의 역사는 이렇게 재전유되어 21세기 문제에 대한 고민으로 이어지는 것이다.

또한 주제는 등장인물에 대한 이입을 이끌어낸다. 주제는 주인공에게 던져진 질문이며 그가 이끌어낸 해답이다. 주제가 보편적이라면 관객들은 주인공과 마찬가지로 주제가 던지는 질문에 대해 고민하며, 주인공에게 때로는 공감하고 때로는 거리감을 느끼며 인물에 이입한다.

〈스파이더맨: 홈커밍〉의 주제 중 하나는 아이에서 어른으로 성장하며 배우는 책임감이다. 이는 매우 보편적인 주제인데, 누구나 지금보다 아이였던 적이 있기 때문이다. MCU의 관객 중 피터 파커처럼 방사능 거미에 물려 슈퍼파워를 얻은 사람이 그렇게 많지는 않을 것이다. 하지만 우리는 모두 어린 시절을 경험했고, 아직 어른이 되지 못해 답답함을 느낀 적도 있을 것이다. 피터 파커가 어서 어른으로 인정받고 싶어 안달을 할 때나 실수를 저지를 때 관객들도 주인공에게 더 강하게 이입해서 이후의 전개를 지켜보게 되는 이유다.

이렇게 주제는 그 나름의 역할과 기능이 있고, 따라서

반드시 참신하고 새롭지 않아도 된다. 구체적이거나 심오할 필요도 없다. 우리가 익숙하고 동의할 수 있는 내용을 추상적이지만 직관적으로 이해할 수 있게 전달하는 정도라도, 주제에게 요구되는 역할과 기능을 달성하기만 하면 작법으로서 그 몫을 다한 것이다.

 ## 주제를 담는
두 가지 방법

　　　　　주제를 담는 방식에는 크게 두 가지가 있다. 하나는 주장을 전달하는 방식이고, 다른 하나는 질문을 제기하는 방식이다. 이 중 어느 것이 더 우월하거나 열등하거나 하지는 않다. 그저 상황과 필요에 따라 작품에 적합한 방식을 고르면 된다.

　주장을 전달하는 작품으로는 〈블랙 팬서〉를 꼽을 수 있다. 티찰라는 작품의 마지막에서 폐쇄적인 외교 정책을 버리고 와칸다를 개방하기로 결정하며 '우매한 자는 벽을 쌓지만 현명한 자는 다리를 짓는다'고 연설한다. 주인공이 강대국이 가져야 하는 품위와 의무에 대해 얻은 깨달음을 작품의 주제로 내보인 것이다.

이렇게 주장을 전달하는 작품은 너무 뻔하거나 엉뚱한 이야기를 담으면 쉽게 지루해지는 단점이 있다. 특히 작품 속 주장이 동의하기 힘든 것일 때에는 강한 반대를 표하는 관객들도 나오기 마련이다. 하지만 설득력만 뒷받침된다면 이런 작품은 아주 쉽고 간단히 관객의 공감을 얻고 사회에 영향력을 주는 메시지를 전할 수 있다.

반면 질문을 제기하는 작품으로는 〈어벤져스: 인피니티 워〉가 있다. 이 작품에서 타노스는 대의를 위해 자기 자신과 사랑하는 사람들을 희생할 수 있어야 한다고 주장했고, 어벤져스 또한 타노스의 주장과 질문에 대한 답변을 준비해야 했다. 그 대답은 각 인물마다 차이가 있다. 스티브 로저스는 끝까지 동료를 지키려고 했고, 피터 퀼과 완다 막시모프는 타노스를 막기 위해 사랑하는 연인인 가모라와 비전을 죽이려고 했다. 닥터 스트레인지는 누군가가 죽어야만 이 전쟁에서 승리할 수 있다며 토니 스타크에게 이후의 계획을 준비시켰다. 하지만 그 누구도 확신을 갖고 이 질문에 답하지는 못한다.

〈캡틴 아메리카: 시빌 워〉 또한 질문을 제기하는 작품의 좋은 예시다. 이 작품에서는 슈퍼히어로가 국가와 정부의 통제를 받아야 하느냐, 마느냐에 대해 등장인물들이 각자의 입장을 제시한다. 이전까지 어벤져스는 깊은 유대로 똘똘 뭉쳐 있었지만, 이 문제에 대해서는 히어로들의 생각이나 상황이 다르기에 물리적으로 강한 충돌이 벌어지기도 한다. 이렇게 다양한 입장의 등장인물이 난투를 벌이고 명확한 결말을 내리지 않는 작품은 개별 인물들의 선택에 설득력이 없을 경우 그저 답답하고 한심한 이야기로 전락할 위험이 있다. 하지만 각 캐릭터가 자기 나름의 논리적인 이유와 설득력을 갖추고 선택을 내릴 경우, 작품이 던지는 화두는 사회적 토론의 형태로 확장될 수도 있다.

질문을 제기하는 작품은 딜레마를 던져주고 혼선을 야기하며 출발한다. 즉, 답을 쉽게 내릴 수 없는 첨예하면서도 중요한 쟁점을 제시한다. 이 딜레마가 명확하지 않거나 사소한 문제일 경우 이야기는 두루뭉술하고 뜬금없이 느껴질 위험이 있다. 하지만 중대한 문제에 관한 날카로운 딜레마 상황이 설정될 경우 관객들은 작품 속 인물들과 함께 그 질문에 대한 답을 고민하고 성찰하게 된다.

주제의
두 가지 종류

　　주제에 대해서는 창작자마다 독자적인 기준을 갖고 있기 마련이다. 여기서는 그 개별적인 기준을 일일이 열거하기보다는 직관적인 주제와 사회문화적인 주제에 대해서만 정리하고자 한다. 직관적인 주제는 평범한 사람이라면 누구나 어렵지 않게 이입하고 공감할 수 있는 내용이고, 사회문화적인 주제는 작품 안팎의 복잡한 사회문화적 맥락과 환경에 얽혀 있는 내용이다. MCU의 작품들이 주로 다루는 주제도 이 두 가지로 분류해볼 수 있다.

　　가족의 결합 혹은 회복은 직관적인 주제를 다룬 작품들이 가장 흔하게 다루는 주제다. 할리우드 상업 영화 대부분이 이 주제를 다루고 있다 해도 과언이 아닐 것이다. MCU에서 가족의 결합에 대한 주제 의식이 강하게 드러난 작품으로는 〈토르: 라그나로크〉, 〈앤트맨〉, 〈상치와 텐 링즈의 전설〉, 〈가디언즈 오브 갤럭시 VOL. 2〉, 〈블랙 위도우〉 등이 있다.

　　이 작품들은 모두 가족에 대한 이야기를 하고 있기에,

어느 문화권의 관객들이건 어렵지 않게 작품의 갈등을 이해할 수 있다. 가족은 누구나 직간접적으로 경험하는 인간관계이기 때문이다. 하지만 그렇기 때문에 갈등이 공적이지 않거나 그 크기가 비교적 작게 느껴질 수 있는 위험도 있다.

예를 들어 〈토르: 라그나로크〉에서 토르가 브루스 배너와 발키리에게 자신을 도와 헬라를 막아달라고 요청할 때, 두 사람 모두 가족들 사이의 일이라면 자신이 개입하고 싶지 않다고 분명하게 선을 긋는다. 얼핏 보면 두 사람이 매정해 보일 수도 있을 것이다. 하지만 이는 왕권과 관련된 문제이기도 하고, 만약 헬라가 사악한 악당이 아니라면 이는 외부인에 가까운 브루스 배너나 이미 아스가르드를 떠난 지 오래인 발키리에게는 토르와의 친분에만 의존해 타 국가에 부당하게 개입하는 일일 수도 있는 것이다.

이런 직관적인 주제는 시대가 바뀌면서 다양한 방식으로 변주되기도 한다. 〈블랙 위도우〉에 등장하는 나타샤의 가족은 아무런 혈연도 없이 스파이 활동을 위해 인위적으로 정해진 위장용 집단에 불과했다. 하지만 스토리가 진행되면서 이들은 피로 이어진 가족보다 더 끈끈

하고 깊은 유대를 나눈다. 21세기를 지나 가족의 형태가 다양해진 세태에 걸맞은 주제가 제시된 것이다.

한편 사회문화적인 주제를 다룬 작품들은 그 안에 소수자 인권이나 사회문제를 담고는 한다. 이런 주제를 잘 다룬 MCU 작품으로는 〈캡틴 아메리카: 시빌 워〉, 〈아이언맨〉, 〈블랙 팬서〉, 〈캡틴 마블〉 등이 있다.

어떤 사람들은 슈퍼히어로 영화에 정치적인 소재를 더하지 말라고 주장하기도 한다. 하지만 이는 무척이나 의아한 주장이다. MCU의 흥행작들은 대부분 정치적인 소재를 다루고 있기 때문이다. MCU를 대표하는 인기 캐릭터인 캡틴 아메리카는 나치와 싸우던 군인이었고, 아이언맨은 전쟁 난민을 구하고자 분쟁 지역 한가운데에 뛰어든 영웅이다. 아직 MCU에 정식으로 편입되지는 않았으나, 마찬가지로 마블코믹스를 대표하는 작품인 〈엑스맨〉 시리즈도 그 시작부터 소수자 인권 문제를 정면에서 다룬다.

결국 작품 안에서 정치적 문제를 다루느냐, 마느냐는 의미 있는 기준이 될 수 없다. 만약 정치적으로 논쟁의 여지가 있는 작품을 보며 실망한 경험이 있다면, 그 작품이 정치적인 소재를 다루었기에 실패한 것이 아니라 정치적인 소재를 스토리 속에서 자연스럽고 설득력 있게 다루는 데 실패했기 때문이라고 봐야 한다.

애초에 슈퍼히어로의 일은 불법의 경계에 있는 자경단 활동이다. 법이 안정적으로 집행되고 사회에 큰 문제가 없다면 슈퍼히어로가 등장할 개연성도 존재하지 않는다. 자경단 활동은 법이 미처 가닿지 못하고 사회 시스템이 부재하는 영역에서 이루어지기 마련이다. 스스로를 지킬 아무런 힘도 제도도 갖지 못한 사람들, 즉 사회적 약자들에게 일시적이고 일회적이나마 시급한 도움을 주는 것이 슈퍼히어로인 셈이다.

그래서 슈퍼히어로는 그 존재 자체로 기존 시스템과 충돌하며 균열을 부르기 마련이고, 각 작품의 주인공들은 그럼에도 불구하고 왜 자신이 슈퍼히어로로 활동해야 하는가를 고민한다. 이 사회는 왜 슈퍼히어로를 필요로 하는가? 슈퍼히어로는 무슨 일을 할 수 있으며 어떤 일을 하면 안 되는가? 슈퍼히어로가 존재하는 세계관의 정합성을 갖추기 위해서는 반드시 이 질문에 답해야 하고, 이는 자연스레 작품의 사회문화적 주제와 연결된다.

오히려 이렇게 자연스레 떠오르는 질문들을 외면하고 회피하는 것은 그야말로 세계관의 현실감을 무너뜨리는 일이다. 만약 장르 문법에 익숙한 관객이라면 작품이 그렇게까지 현실적이지 않더라도 받아들이기 어렵지는 않을 것이다. 하지만 좀 더 넓은 대상 관객층을 상정하고 장기적으로 시리즈를 지속하기 위해서는 슈퍼히어로 세계 속의 현실적 문제들까지 같이 고민해야 한다. 무엇보다 이러한 성찰의 과정은 그 자체로 작품을 흥미롭게 만들어줄 것이다.

 ## 주제와
플롯의 궁합

앞서 살펴본 직관적인 주제와 사회문화적인 주제는 어떤 유형의 플롯과 조합되느냐에 따라 그 깊이의 정도가 변화한다. 이는 우열의 기준이라기보단 어떤 대상 관객층에게 어떤 반응을 불러일으킬 것인가에 대한 구분에 가깝다.

MCU의 작품을 참고하여, 플롯의 유형을 현실에 가까운 플롯과 환상에 가까운 플롯으로 구분해보자. 현실에 가까운 플롯은 작품 속 인물과 사건과 배경이 21세기의 현대 문명과 가까운 플롯이고, 환상에 가까운 플롯은 가상의 인공적 세계관에 소속된 플롯이다. 이에 맞춰 주제와 플롯의 배치를 사분면으로 나누어보면 이렇다.

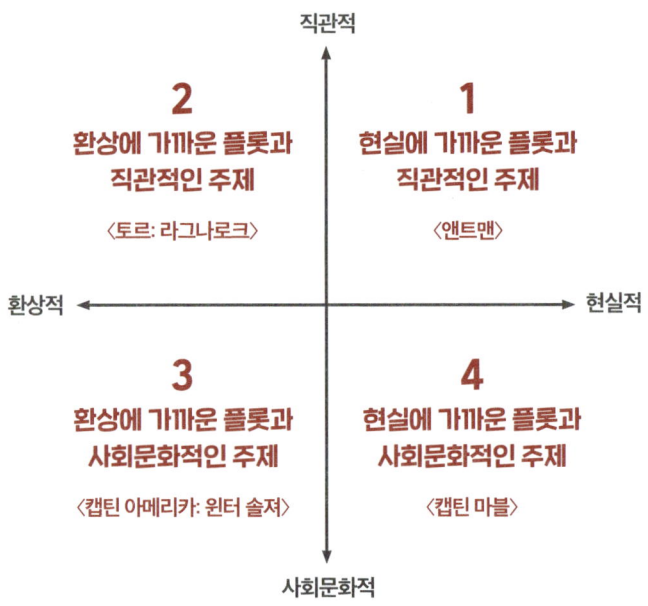

직관적

2
환상에 가까운 플롯과
직관적인 주제

〈토르: 라그나로크〉

1
현실에 가까운 플롯과
직관적인 주제

〈앤트맨〉

환상적 ← → 현실적

3
환상에 가까운 플롯과
사회문화적인 주제

〈캡틴 아메리카: 윈터 솔져〉

4
현실에 가까운 플롯과
사회문화적인 주제

〈캡틴 마블〉

사회문화적

현실에 가까운 플롯과 직관적인 주제를 다룬 작품으로는 〈앤트맨〉이 있다. 작품의 배경은 현대 미국이고 주인공도 소시민적 인물이다. 작품에서 일어나는 사건은 핌 입자라는 가상의 소재를 써서 환상적인 면이 있으나, 그 전개는 첨단기술의 현실적 위험을 그리는 테크노 스릴러에 가깝다. 또한 작품의 핵심적 주제는 딸을 향한 아버지의 사랑이다. 이 유형은 내용 면에서 이해하기 쉽고 주제 또한 이입하기 어렵지 않다. 이렇게 현실에 가까운 플롯과 직관적인 주제를 다룬 작품은 진입 장벽이 매우 낮아 너무 뻔하거나 유치하다는 비판을 들을 수 있으나, 잘만 만든다면 온 가족이 즐길 수 있는 결과물이 나온다.

환상에 가까운 플롯과 직관적인 주제를 다룬 작품으로는 〈토르: 라그나로크〉를 꼽을 수 있다. 이 작품의 주요 인물들은 우주 저 너머의 외계인이고 평범한 지구인은 단 한 명도 나오지 않는다. 하지만 작품의 주제는 가족 간의 갈등과 왕으로서의 의무와 같이 무척이나 직관적이기 때문에, 관객들은 이 독특한 세계관을 어렵지 않게 받아들일 수 있다. 〈토르〉 시리즈에서 유독 이러한 오래된 가치가 중심 주제로 다뤄지는 이유도 여기에 있다. 작품의 플롯이 너무 독자적인 세계를 다루고 있기때문에 주제와 전개만이라도 이해하고 이입하기 좋게 구성된 것이다.

현실에 가까운 플롯과 사회문화적인 주제를 다룬 작품으로는 〈캡틴 아메리카: 윈터 솔져〉가 대표적이다. 이 영화도 〈앤트맨〉과 마찬가지로 현대 미국을 배경으로 스토리가 전개된다. 하지만 그 주제는 조금 더 사회적인 것으로, 시민사회를 감시하는 거대 정부에 대한 문제의식을 다루고 있다. 이러한 공포는 스마트폰과 SNS가 일상이 된 요즘 시대에 중요하게 대두되는 문제로, 〈캡틴 아메리카: 윈터 솔져〉의 플롯이 현실과 밀접하게 연결되어 있기에 이렇게 복잡하고 현재적인 최첨단의 문제의식을 다룰 수 있었던 것이다. 심지어는 이 영화가 촬영되던 도중 미국 국가안보국(NSA) 요원 에드워드 스노든Edward Snowden이 NSA가 자행한 민간인 불법 사찰을 폭로하는 실제 사건이 일어나 작품의 함의가 더욱 깊어지기도 했다.

환상에 가까운 플롯과 사회문화적인 주제를 다룬 작품은 현실에 가까운 플롯과 직관적인 주제와는 정반대로 진입 장벽이 높은 편이며, 작품에 이입하기 위해서도 다른 유형보다 더 큰 집중력이 필요하다. 하지만 이러한 시도에 성공할 경우 무척이나 흥미롭고 성찰할 거리가 많은 결과물이 나온다.

이 유형의 예시로는 〈캡틴 마블〉을 꼽을 수 있다. 이 작품의 플롯은 크리 제국과 스크럴족 사이의 우주적 분쟁을 핵심적인 갈등으로 놓고 있다. 스크럴족이 테러리

스트가 아닌 전쟁 난민으로서 지구에 자리 잡고 있었다는 사실이 밝혀지며 작품의 주제의식 또한 사회문화적으로 더 복잡한 구도를 다루게 된다. 작품 안에 설정된 외계 문명의 역사를 자세히 아는 사람, 태양계 바깥의 지적 생명체가 지구에 난민으로 찾아오는 상황을 고민해본 사람이 얼마나 되겠는가. 그렇기에 관객들은 스토리를 따라가며 그 문제를 계속해서 생각하고 고민해야 한다. 이런 주제와 플롯의 배치는 관객들이 생소하게 느낄 수도, 신선하게 볼 수도 있다는 점에서 무척이나 실험적인 구성이다.

이 사례들을 살펴보면 알 수 있듯 직관적-사회문화적, 현실적-환상적이라는 범주는 결국 이야기의 쉬움과 어려움, 단순함과 복잡함, 보편성과 특수성, 익숙함과 생소함의 정도를 조절하는 문제와 관련된다. 앞서도 강조했듯이 각각의 범주는 우열이 아니라 각자의 효과와 장단점을 지닌다. 따라서 창작자는 자신이 어떤 관객에게 어떤 이야기를 들려줄 것인지에 따라 주제와 플롯을 전략적으로 결정하면 된다.

✏ 요약

- 주제는 작품에 통일성을 부여하고, 인물에 대한 이입을 이끌어낸다.
- 주제를 제시하는 방식에는 주장을 전달하는 것과 질문을 제기하는 것이 있다.
- 주제는 플롯과 호응해야 한다.

✏ 실전 연습

1. 당신의 작품에서 가장 중요한 주제는 무엇인가? 주제를 한 문장으로 요약해보자.

2. 당신의 주제를 전달하기 위해 주장할 것인가, 질문할 것인가? 왜 그렇게 해야 하는가?

3. 당신의 주제는 플롯과 어떻게 연결되는가? 작품 속에서 주제를 강화하는 사건과 주제와 상충하는 사건은 각각 무엇인가? 주제를 더 선명하게 만들기 위해 플롯의 전개를 수정하거나 강조할 부분이 있는가? 플롯을 분석해 주제와 상관없는 장면이 있는지 확인해보자.

에필로그

"통했나?"

— 〈토르: 천둥의 신〉, 스탠 리

처음으로 〈아이언맨〉을 본 다음 극장 문을 나서던 그 순간의 충격이 아직도 생생하다. 그때 나는 드디어 내가 기다려왔던 슈퍼히어로 영화를 봤다는 깨달음에 온몸 가득 전율이 차올랐다.

이상한 노릇이었다. 당시 나는 슈퍼히어로의 전문가까지는 아니었지만 한국에 개봉한 작품 대부분은 챙겨본 중하 수준의 오타쿠였다. 그런데도 방금 본 이 영화가 왜 이렇게 새롭고 놀랍게 느껴지는지, 왜 이렇게까지 사랑하게 됐는지를 짐작하지 못했다. 나는 분명 크리스토퍼 리브Christopher Reeve가 주연한 〈슈퍼맨〉(1979)도 봤고 팀 버튼이 감독한 〈배트맨〉(1990)을 사랑했으며 매주 토요일

마다 TV에서 나오던 〈형사 플래시〉(1991)를 기다렸다. DC 작품만 봤던 것도 아니다. 다른 친구들이 모두 플레이스 테이션을 살 때 혼자 꿋꿋하게 산 세가새턴으로 〈엑스맨: 칠드런 오브 디 아톰〉(1994) 게임을 했고 브라이언 싱어Bryan Singer가 감독한 〈엑스맨〉(2000) 시리즈를 좋아했으며 케이블TV에서 틈만 나면 재방송하던 〈스파이더맨〉(2002)은 마주친 순간 채널을 돌리는 법이 없었다. 하지만 〈아이언맨〉의 마지막 장면에서 토니 스타크가 "I am Iron Man"이라고 선언한 순간, 이 작품은, MCU는 무언가 근본적으로 다르다고 느꼈다.

도대체 내가 느낀 그 전율은 무엇이었을까? 이후로 벌써 15년이 넘게 지났음에도 그때의 전율은 아직 내 몸에 남아 어딘가를 흐르고 있다. 그리고 나는 아직까지도 그 의문에 대한 답을 찾는 중이다. 이 책은 그때 느낀 전율을 이해하기 위한 내 15년간의 탐구의 기록이기도 하다.

부디 나의 연구가 이 책을 읽은 독자들의 창작과 유희에 도움이 되기를 빈다. 그렇다면 여러분이 만든 작품을 통해 나도 또 한 번의 전율을 느낄 수 있을지도 모르니까 말이다.

영화 목록

아이언맨 Iron Man

존 파브로 연출, 126분, 2008

스탠 리 · 래리 리버 · 돈 헥 · 잭 커비 원작

마크 퍼거스 · 호크 오츠비 · 아트 마컴 · 맷 홀러웨이 각본

....

인크레더블 헐크 The Incredible Hulk

루이 르테리에 연출, 112분, 2008

스탠 리 · 잭 커비 원작

자크 펜 각본

....

아이언맨 2 Iron Man 2

존 파브로 연출, 125분, 2010

스탠 리 · 래리 리버 · 돈 헥 · 잭 커비 원작

저스틴 서룩스 각본

....

토르: 천둥의 신 Thor

케네스 브래너 연출, 114분, 2011

스탠 리 · 래리 리버 · 잭 커비 원작

애슐리 밀러 · 잭 스텐츠 · 돈 페인 각본

....

퍼스트 어벤져 Captain America: The First Avenger

조 존스턴 연출, 124분, 2011

조 사이먼 · 잭 커비 원작

크리스토퍼 마커스 · 스티븐 맥피리 각본

. . . .

어벤져스 The Avengers

조스 웨던 연출, 125분, 2012

스탠 리 · 잭 커비 원작

조스 웨던 · 자크 펜 각본

. . . .

아이언맨 3 Iron Man 3

셰인 블랙 연출, 130분, 2013

스탠 리 · 래리 리버 · 돈 헥 · 잭 커비 원작

셰인 블랙 · 드류 피어스 각본

. . . .

토르: 다크 월드 Thor: The Dark World

앨런 테일러 연출, 112분, 2013

스탠 리 · 래리 리버 · 잭 커비 원작

크리스토퍼 요스트 · 크리스토퍼 마커스 · 스티븐 맥피리 · 돈 페인 각본

. . . .

캡틴 아메리카: 윈터 솔져 Captain America: The Winter Soldier

안소니 루소 · 조 루소 연출, 136분, 2014

에드 브루베이커 원작

크리스토퍼 마커스 · 스티븐 맥피리 각본

. . . .

가디언즈 오브 갤럭시 Guardians of the Galaxy

제임스 건 연출, 122분, 2014

댄 애브넷 · 앤디 래닝 원작

제임스 건 · 니콜 펄맨 각본

. . . .

어벤져스: 에이지 오브 울트론 Avengers: Age of Ultron

조스 웨던 연출, 141분, 2015

스탠 리 · 잭 커비 원작
조스 웨던 각본

앤트맨 Ant-Man

페이튼 리드 연출, 117분, 2015

스탠 리 · 래리 리버 · 잭 커비 원작
에드가 라이트 · 조 코니쉬 · 애덤 매케이 · 폴 러드 각본

캡틴 아메리카: 시빌 워 Captain America: Civil War

안소니 루소 · 조 루소 연출, 147분, 2016

조 사이먼 · 잭 커비 원작
크리스토퍼 마커스 · 스티븐 맥피리 각본

닥터 스트레인지 Doctor Strange

스콧 데릭슨 연출, 115분, 2016

스탠 리 · 스티브 딧코 원작
존 스파이츠 · 스콧 데릭슨 · C. 로버트 카길 각본

가디언즈 오브 갤럭시 VOL. 2 Guardians of the Galaxy Vol. 2

제임스 건 연출, 137분, 2017

댄 애브넷 · 앤디 래닝 원작
제임스 건 각본

스파이더맨: 홈커밍 Spider-Man: Homecoming

존 왓츠 연출, 133분, 2017

스탠 리 · 스티브 딧코 원작
존 프란시스 데일리 · 조나단 골드스타인 · 존 와츠 · 크리스토퍼 D. 포드 · 크리스 맥켄나 ·
에릭 소머즈 각본

토르: 라그나로크 Thor: Ragnarok

타이카 와이티티 연출, 130분, 2017

스탠 리 · 래리 리버 · 잭 커비 원작

에릭 피어슨 · 크레이그 카일 · 크리스토퍼 요스트 각본

....

블랙 팬서 Black Panther

라이언 쿠글러 연출, 134분, 2018

스탠 리 · 잭 커비 원작

라이언 쿠글러 · 조 로버트 콜 각본

....

어벤져스: 인피니티 워 Avengers: Infinity War

앤서니 루소 · 조 루소 연출, 149분, 2018

스탠 리 · 잭 커비 원작

크리스토퍼 마커스 · 스티븐 맥피리 각본

....

앤트맨과 와스프 Ant-Man and the Wasp

페이턴 리드 연출, 118분, 2018

스탠 리 · 래리 리버 · 잭 커비 · 어니 하트 원작

크리스 맥켄나 · 에릭 소머즈 · 폴 러드 · 앤드루 배러 · 가브리엘 페라리 각본

....

캡틴 마블 Captain Marvel

애나 보든 · 라이언 플렉 연출, 124분, 2019

로이 토머스 · 진 콜런 원작

애너 보든 · 라이언 플렉 · 제니바 로버트슨―드워렛 각본

....

어벤져스: 엔드게임 Avengers: Endgame

앤서니 루소, 조 루소 연출, 181분, 2019

스탠 리 · 잭 커비 원작

크리스토퍼 마커스 · 스티븐 맥피리 각본

....

스파이더맨: 파 프롬 홈 Spider-Man: Far From Home
존 왓츠 연출, 129분, 2019

스탠 리 · 스티브 딧코 원작

크리스 맥케나 · 에릭 소머즈 각본

....

블랙 위도우 Black Widow
케이트 쇼트랜드 연출, 134분, 2021

스탠 리 · 돈 리코 · 돈 헥 원작

에릭 피어슨 각본

....

샹치와 텐 링즈의 전설 Shang-Chi and the Legend of the Ten Rings
데스틴 크리튼 연출, 132분, 2021

스티브 잉글하트 · 짐 스탈린 원작

데이브 콜러햄 · 데스틴 크리튼 · 앤드루 래넘 각본

....

이터널스 Eternals
클로이 자오 연출, 156분, 2021

잭 커비 원작

클로이 자오 · 패트릭 버리 · 라이언 퍼포 · 캐즈 퍼포 각본

....

스파이더맨: 노 웨이 홈 Spider-Man: No Way Home
존 왓츠 연출, 148분, 2021

스탠 리 · 스티브 딧코 원작

크리스 맥케나 · 에릭 소머즈 각본

....

블랙 팬서: 와칸다 포에버 Black Panther: Wakanda Forever
라이언 쿠글러 연출, 161분, 2022

스탠 리 · 잭 커비 원작

라이언 쿠글러 · 조 로버트 콜 각본

....

영화 목록　　　　　　　　　　　　　　**239**

앤트맨과 와스프: 퀀텀매니아 Ant-Man and the Wasp: Quantumania
페이턴 리드 연출, 124분, 2023
제프 러브니스 각본

....

가디언즈 오브 갤럭시: Volume 3 Guardians of the Galaxy Vol. 3
제임스 건 연출, 150분, 2023
제임스 건 각본

....